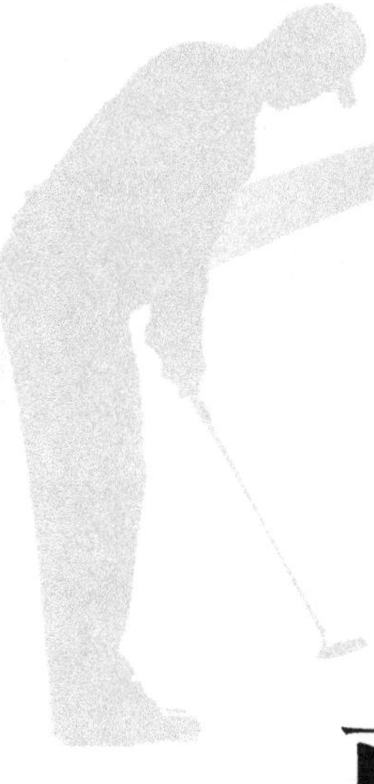

GOLF MARKETING PRACTICE

高尔夫市场营销实务

张琳 主编

暨南大學出版社
JINAN UNIVERSITY PRESS

中国·广州

图书在版编目（CIP）数据

高尔夫市场营销实务/张琳主编．—广州：暨南大学出版社，2017.6（2024.1 重印）
ISBN 978－7－5668－2112－6

Ⅰ．①高…　Ⅱ．①张…　Ⅲ．①高尔夫球运动—市场营销学　Ⅳ．①G849.3－05

中国版本图书馆 CIP 数据核字（2017）第 100701 号

高尔夫市场营销实务
GAOERFU SHICHANG YINGXIAO SHIWU
主　编：张　琳

出 版 人： 阳　翼
责任编辑： 吴筱颖　杨柳婷
责任校对： 亢东昌
责任印制： 周一丹　郑玉婷

出版发行： 暨南大学出版社（511443）
电　　话： 总编室（8620）37332601
营销部（8620）37332680　37332681　37332682　37332683
传　　真：（8620）37332660（办公室）　37332684（营销部）
网　　址： http：//www.jnupress.com
排　　版： 广州市新晨文化发展有限公司
印　　刷： 广东虎彩云印刷有限公司
开　　本： 787mm×1092mm　1/16
印　　张： 12.5
字　　数： 218 千
版　　次： 2017 年 6 月第 1 版
印　　次： 2024 年 1 月第 3 次
定　　价： 38.00 元

前　言

高尔夫运动起源于700年前的苏格兰。现代高尔夫已经成为一项全球性的体育产业。随着经济水平的发展，越来越多的人把高尔夫运动作为休闲生活的组成部分。高尔夫爱好者的猛增带动了高尔夫运动设施、高尔夫用品企业、高尔夫赛事、高尔夫培训、高尔夫中介和高尔夫旅游业的发展。

随着高尔夫被列为亚运会项目，高尔夫运动在中国慢慢得到重视。1994年张连伟代表中国参加广岛亚运会高尔夫项目，以业余选手的身份获得银牌。高尔夫运动随即在中国逐渐开展起来，涌现出梁文冲、冯珊珊等一批职业选手，他们在亚巡赛、欧巡赛等世界大赛上崭露头角。2016年里约奥运会冯珊珊获得女子高尔夫赛季军，这也是高尔夫项目时隔116年后重返奥运赛场，因此意义非凡。同世界经济发达地区相比，中国的高尔夫产业才刚刚起步，作为一个阳光产业，其全方位的管理、包装和运营需要方方面面的专业化人才。按照预测未来10～15年我国高尔夫球场地发展的数量，我国将需要高尔夫高级管理、教育、科研、产业人才和相关服务人员约10万～20万人。

高尔夫运动和高尔夫产业的可持续发展需要相应的专业理论知识及实践能力的指导。本书围绕培养高等技术应用型专门人才的目标，本着“实用、够用”的原则，联系高尔夫营销人员工作实际，依据高尔夫营销人员应当具备的能力等要求，结合本课程的性质，介绍高尔夫的营销学概论、市场营销新发展、市场营销环境分析、市场营销调研与预测、市场细分和目标市场、产品策略、定价策略、分销策略、促销策略、会籍营销、用品营销等内容。

本书的撰写得到孙雷鸣教授、张国华老师、邱健老师以及蓝鹏高尔夫运动管理有限公司、汇景高尔夫运动管理公司、佛山高尔夫球会、广州月亮湖高尔夫俱乐部的大力支持和帮助，其丰富的实践经验为本书的资料收集提供了宝贵的意见和建议。

高尔夫产业发展迅速，但学科理论仍在探索，有些方面尚未成熟，加之作者水平有限，疏漏和不足之处在所难免，希望广大读者批评、指正，以便于我们及时修正和完善。

张　琳

2016 年 10 月

目录
Contents

绪　论

高尔夫运动是集健身、娱乐和社交等于一体的高雅休闲项目，是消费者在余暇生活中得到快乐的一种载体，围绕着高尔夫运动的发展，衍生了以下几个产业：

一、　高尔夫球场及球会运营产业

高尔夫运动的魅力之一就是风景优美的高尔夫球场，而围绕着球场的产业包括球场设计、球场营建、球场运营、会籍管理、草皮维护等，目前这些产业都有专业的公司和机构为其提供服务。

球场设计有专业公司和机构，也有退役的知名高尔夫运动员参与或主持的部分。球场设计的核心是球道设计，需要设计师根据球场所处环境，统筹安排发球台、沙坑、短草区、长草区、果岭、水塘、树木等常见元素，使球场具有挑战性和吸引力，与众不同。在拟出一份合理的路线布置图之后，会有详细的战略设计，造型设计，给排水系统设计，果岭、沙坑、发球台的细部设计，以及水塘、景观的细部设计等。

球场营建由专业公司根据设计施工，包含球场和球会。

球场运营有专业公司，也有服务外包的代理运营公司负责管理，包括球场营销、人员管理、设施维护等方面。

会籍管理由球场自管或交由中介公司代理。会籍指个人或公司法人以某种契约加入某高尔夫球会并成为该球会会员的身份资格证明。对取得会籍的会员进行的营销，是球会销售的核心，关系到球会运营的成功。会籍的设计与营销方案涉及专业服务，一般由中介公司提供支持。

草皮维护一般可纳入球场运营之中，但作为球场正式运营后日常经营成本的最大项目，其操作和管理十分专业。草皮的维护有专业规范，包含种子、肥料、农药、灌溉、养护、培训等一系列配套措施。

二、 高尔夫用品产业

高尔夫用品产业包含高尔夫用品生产、销售两个大的市场。

高尔夫用品包含球具、服饰、配件三类，都有专业品牌作设计生产，这些品牌主要来自美国和日本，因为目前全球最大的两个高尔夫市场是美国和日本。中国已经成为高尔夫用品生产大国，全球高尔夫品牌的主要生产供应都来自中国。

高尔夫用品销售，在中国尚未建立起全国性的平台。高尔夫销售体系仍主要为“品牌＋代理（批发商）＋零售”的结构。

三、 高尔夫赛事

高尔夫赛事主要由高尔夫协会、赛事机构、中介机构和赞助商合作完成，是高尔夫运动的核心标志及最高水平的体现，有各种职业及业余联赛和比赛供选手参与。高尔夫赛事不仅是选手的聚会，也是商业推广和客户关系维护的平台。

四、 高尔夫中介

高尔夫中介包含球场预订、会籍营销代理、赛事组织、管理咨询等服务。

球场预订方面，是给会员提供信息及平衡资源的平台，既方便会员，也提高球场的资源使用效率。

会籍营销代理方面，由于会籍设计及营销方案的制订与实施关系到球会的运营成败，因此绝大多数球会都将会籍营销交由专业的中介公司代理。

赛事组织方面，除了职业赛事以外，银行、汽车、金融、奢侈品等行业为了维护客户关系，会定期组织 VIP 客户赛事，此类赛事一般交由中介公司代为组织。

管理咨询方面，目前国内大多数高尔夫球场都是与房地产配套开发的，球场管理也是开发商交由内部人员管理的，对于球场运营、会籍管理等并不专业，因此需要中介机构提供管理咨询服务，以辅助球场正常运营。

五、 高尔夫旅游

高尔夫运动的休闲特性及其参与人群的高端特性，使高尔夫能与旅游相结合。

体验不同球场的风景与乐趣，避暑和避寒期间的运动需求等催生了高尔夫旅游这个产业结合体。

高尔夫旅游，以球场为主，辅以旅游、餐饮、行程等服务，属于高端旅游范畴。

六、 高尔夫地产

近年来，国内房地产业发展迅猛。由于高尔夫运动在国内依然被视作贵族运动，因此房地产开发商会借用高尔夫来提升房产的品位，如在别墅区配套高尔夫球场，将会籍销售与房产销售进行整合营销。

全球高尔夫产业当前的规模约为650亿美元。由高尔夫运动衍生的产业有以下几种：球场设计营造业务、行业和赛事业务、球场预订和旅游业务、球场管理和会籍营销、高尔夫用品营销等。

我们在介绍高尔夫营销时，首先介绍与高尔夫市场营销相关的基本理论。市场营销是一门以经济科学、行为科学、管理理论和现代科学技术为基础，研究以满足消费者需求为中心的市场营销活动及其规律性的综合性应用科学，高尔夫市场营销为其一部分。目前，市场营销的应用范围越来越广泛，不仅应用于生产领域，而且已经扩展到服务领域，甚至是社会、政治等领域。随着市场营销环境的不断变化和营销实践的迅速发展，市场营销理论不断创新，有关市场营销的一些新动向、新问题不时被提出，逐渐形成一些新概念、新理论，并持续推动市场营销发展。这也给高尔夫市场营销理论带来了创新和发展。

单元一

高尔夫营销学概论

学习目标

- 能够解释市场、体育市场、高尔夫市场的含义
- 能够阐明市场营销及高尔夫市场营销的核心概念
- 能够认识市场营销观念的演变过程，树立现代市场营销观念

模块一

基 础 知 识

市场营销活动是在一定经营观念指导下进行的，因此，准确把握市场营销的核心概念，正确认识市场营销的作用，全面理解现代市场营销的内涵，对更好地进行市场营销、加强经营管理、提高经济效益具有重要意义。

一、 市场和体育市场的含义

市场营销，从字面上理解，应是与市场相关的活动，因此，首先需要了解什么是市场。在一般消费者看来，市场是商品交换的场所，买卖双方在一定时间聚集到这个场所进行交换。

经济学家从宏观的角度提出，市场是供求关系的总和，是社会分工和商品生产的产物。市场营销学家从微观的角度提出，市场是指某种产品的现实购买者和潜在购买者需求的总和。市场由三个因素统一构成，缺一不可，即有某种需要的人、为满足这种需要的购买能力和购买欲望。只有三者相结合，才能构成现实的市场，决定市场的规模和容量。

体育市场，从广义上看，是指因体育而产生的所有商业活动。非体育产品借助体育活动进行品牌宣传和推广。狭义的体育市场则是指进行体育商品交换的场所。

从市场营销学的角度看，体育市场是指为了满足体育需要而购买或准备购买体育物质产品和服务的消费者群体。

从“大体育观”的角度看，体育产业涵盖所有与体育相关的经济活动，如体育物质产品，包括体育服装、体育器材、体育建筑、体育食品饮料等；体育服务产品，包括体育类广告宣传、体育类电视广播、体育类报刊、体育信息的传送、体育竞赛、健身娱乐、运动场地出租、体育旅游等。

二、 市场营销、 体育市场营销和高尔夫市场营销的含义

（一） 市场营销

市场营销是从英语“Marketing”一词翻译过来的，指以满足人类各种需要和欲望为目的，通过市场将潜在交换变为现实交换的一系列活动和过程。

正确理解市场营销的概念，要把握以下三点：

（1） 市场营销是企业有目的、有意识的活动。

（2） 市场营销的最终目标是满足需要和欲望。

（3） 交换是市场营销的核心，是满足双方需要和欲望的社会过程及管理过程。

市场＝人口＋购买力＋购买欲望

（二） 体育市场营销

以赞助体育比赛或运动机构为主要手段的体育市场营销是营销学领域的一个重要分支。体育市场营销是企业的一种战略，赞助、冠名、请体育明星做品牌代言人有利于加强品牌形象。

体育市场营销是人们将营销学的原理、方法运用于体育产品经营，或借助体育过程进行非体育产品的推广和品牌传播等现象所作的通俗表达，包括体育市场的调查与预测、体育市场的细分、体育目标市场的选择与定位、体育分销渠道的选择和促销手段的运用等，主要研究体育领域中的营销活动。

（三） 高尔夫市场营销

高尔夫市场营销是指把营销的原理和过程，结合高尔夫的特点，专门运用到高尔夫产品和那些借助高尔夫来营销的非高尔夫产品上。

三、 市场营销核心概念

（一） 需求

需求是指有支付能力和愿意购买某种物品的欲望。消费者的欲望在

有购买力作后盾时就变成需求。因此，市场营销者不仅要了解有多少消费者欲求其产品，还要了解他们是否有能力购买。将需要、欲望和需求加以区分，其重要意义就在于阐明这样一个事实：需要存在于市场营销活动出现之前，市场营销者并不创造需要；市场营销者只是影响了人们的欲望，并试图向人们指出何种产品可以满足其特定需求，进而通过使产品富有吸引力，可以适应消费者的支付能力且产品容易得到来影响需求。

（二）产品和高尔夫产品

产品是指用以满足消费者需求的任何事物，包括有形的与无形的。有形产品是为顾客提供服务的载体。无形产品（或服务）是通过其他载体，如人、地、活动、组织和观念等来提供的。产品是为了满足顾客需求的，如果只注重产品而忽视消费者的需求，就会产生“市场营销近视”。

在高尔夫市场营销中，高尔夫产品分为有形和无形两个类型。有形产品包括球场、会所、高尔夫球具、高尔夫服装、高尔夫球车、高尔夫修剪设备、高尔夫其他用具等。无形产品包括高尔夫会籍、高尔夫赛事、高尔夫旅游等。

（三）交换

人们有了欲望和需求，企业也将产品生产出来，但还不能称为市场营销。

小链接

奥运商业之父尤伯罗斯第一次运用电视转播权的招标、少数商业赞助商的计划、出售火炬传递权、抬高奥运门票等商业运作方式，使不依靠政府拨款的 1984 年洛杉矶奥运会赢利 2.25 亿美元，并促使加州房地产市场价格逆市上扬，对这一地区直接和间接的经济贡献高达 33 亿美元。这使洛杉矶奥运会成为近代奥运会恢复以来第一届真正赢利的奥运会。从此，“尤伯罗斯模式”成为历届奥运会通行、有效的做法。

交换是指人们以提供某种东西为回报，从别人那里取得所需物的行为。人们获得所需产品可以通过四种方式：自产、强取、乞讨、交换。产品只有通过交换，使买卖双方获得所需产品，才能促使市场营销产生。

交换发生必须具备五个条件：

（1）有两个或两个以上的买卖者。

（2）买卖双方都拥有对方认为有价值的东西。

（3）买卖双方都拥有沟通信息和向另一方传送货物或服务的能力。

（4）买卖双方都可以自由接受或拒绝对方的产品。

（5）买卖双方都认为值得与对方进行交换。

四、 市场营销观念

（一）生产观念

生产观念是指导销售者行为的最古老的观念之一，是一种以生产为中心的市场营销观念。企业经营不是从消费者需求出发，而是从企业生产出发。其主要表现是“我生产什么，就卖什么”，是一种重生产、轻市场的商业哲学。例如，美国汽车大王亨利·福特曾傲慢地宣称：“不管顾客需要什么颜色的汽车，我都只有一种黑色的。”这就是生产观念的典型表现。

（二）产品观念

产品观念是一种相对较早的企业经营观念，重生产、轻营销。产品观念认为，消费者最喜欢高质量、多功能和具有某种特色的产品，企业应致力于生产高值产品，并不断加以改进。

小链接

康柏电脑公司在1991年以前曾过于相信“公司应该为客户提供最好的产品”，这个观点蕴含的推论是：“质量越好，营销成功的可能性就越大。”公司鼓励工程师设计、生产高品质产品，并不断加以完善。1991年康柏的管理层变动，新的负责人认为：“要根据产品价格搞设计，用顾客的眼光看问题。什么价位能吸引顾客光顾我们的产品，就想办法在此价位生产出某种产品。”

在这种观念的指导下，企业最容易变成“市场营销近视”，把注意力放在产品上，而不是放在市场需求上，在市场营销管理中缺乏远见，只看到自己的产品质量好，看不到市场需求在变化，以致企业经营陷入困境。

（三）推销观念

推销观念产生于资本主义国家由“卖方市场”向“买方市场”过渡的阶段。推销观念是一种以销售为中心的市场营销观念，其具体表现为“我卖什么，顾客就买什么”。推销观念认为，消费者通常有一种购买惰性或抗衡心理，如若听其自然，消费者就不会自觉地购买产品，因此企业必须积极推销和大力促销，以诱导和刺激消费者购买产品。

（四）市场营销观念

市场营销观念是以目标消费者需求为导向的。20 世纪 50 年代，社会生产力迅速发展，在市场趋于供过于求的买方市场，消费者购买力大幅度提高，需求不断发生变化，对产品更加挑剔。因此，企业之间的竞争更加激烈，许多企业开始认识到，必须转变经营观念：只有从消费者的需求出发，提供能够满足消费者需求并令其满意的产品和服务，才能求得生存和发展。市场营销观念认为，实现企业目标的关键在于正确判断目标市场及其需求，一切以消费者为中心，“顾客需要什么，我就生产什么”。在这种观念的指导下，企业对市场进行调研，确定自己的目标市场，以便于更好地提供满足消费者需求的产品和服务。

小链接

美国一个制鞋公司要寻找国外市场，于是派了一个业务员去非洲的一个岛国，让他试试能否将本公司生产的鞋销售给当地人。这个业务员到非洲后待了一天便发回一封电报：“这里的人不穿鞋，没有市场。我即刻返回。”公司知道后又派出另一名业务员。这个人在非洲待了一个星期，发回一封电报：“这里的人不穿鞋，鞋的市场很大，我准备把本公司生产的鞋卖给他们。”公司总裁得到两种不同的结果后，为了解更真实的情况，派去了第三个人。该人到非洲后待了三个星期，发回一封电报：“这里的人不穿鞋，原因是他们有脚疾。他们也想穿鞋，过去不需要我们公司生产的鞋，是因为我们的鞋太窄。我们必须生产宽鞋，才能满足他们对鞋的需求。这里的部落首领不让我们做买卖，除非我们借助政府的力量和公关活动扩大市场。我们打开这个市场需要投入大约 1.5 万美元。这样我们每年能卖大约 2 万双鞋。在这里卖鞋可以赚钱，投资收益率约为 15%。”

思考题

市场营销活动要求企业的营销人员应具备什么素质？

（五）社会市场营销观念

社会市场营销观念是以长远利益为中心的，是对市场营销观念的修改和补充。社会市场营销观念要求市场营销者在制定市场营销政策时，统筹兼顾三方面的利益，也就是企业利润、消费者需求的满足和社会利益。

生产观念、产品观念和推销观念属于早期传统的企业经营理念，而市场营销观念和社会市场营销观念则是符合现代市场经济条件和人类社会发展要求的新的企业经营理念。作为企业经营指导思想，两者在经营活动的出发点、经营中心、经营手段等方面有显著区别。

模块二

案例分析

福特的营销观念

美国汽车大王福特，在生产他那闻名世界的T型汽车时，步入了自我意识的陈旧观念泥潭，使福特汽车公司在20世纪20年代初期处于无所适从的十字路口。

1908年，福特突然宣布，他的公司日后只生产一种汽车，即T型汽车。T型汽车在当时的确集中了以往各种型号汽车的最优良的特点。而且直到第一次世界大战结束前，T型汽车的销售量仍逐年增加，而价格则逐年下降。对于这种汽车的赞扬声来自四面八方，甚至美国税务上税委员会也在1928年回顾说，T型汽车“是一种很好的经济实惠的汽车。它的声誉极好，各阶层的人都使用它。它是市场上最便宜的汽车，而按它的价格来说，它的实用价值又超过任何别的汽车。T型汽车的市场需求量比任何公司的汽车市场需求量都大”。

然而，面对不断变化的汽车工业，以及逐渐增长的城市居民的多样化消费需求，福特的适应能力则要差一点儿了。第一次世界大战后，经济繁荣了一阵子，但在1920—1921年出现大衰退。福特公司通过大幅度降低成本勉强渡过了这个难关。但是，20世纪20年代初期的汽车市场竞争激烈，主要竞争者来自占市场销售额大约20%的通用汽车公司。通用公司希望继续扩大自身的市场占有额，因而增加了产品系列，利用独立部门进行销售，以适应不同的市场。雪佛兰是低价车，接着是别克、奥尔兹莫比尔和庞蒂克，最后则是最为昂贵和豪华的凯迪拉克。

补锅匠出身的老福特认为，公司应对竞争的唯一办法，是遵循洛克菲勒和卡内基的先例，降低T型汽车的成本。这一方针的实施关键是在底特律附近鲁日河边建立一个巨大的中心生产工厂。一年365天，这个工厂每天都能以较低的成本生产出更多的汽车。然而，到1923年，情况已经很清楚了：福特的低价政策没能吸引买主，福特的个人统治为他带来的好处也不及通用公司的权力分散管理制度为其扩大销售量带来的好处。

通用汽车公司扩展市场的策略中心在于美国人买车的赊购方法及其重要的生活习惯——每一两年改变一下汽车的式样。而在福特的生产和经营观念中，那是十足的歪门邪道。福特汽车公司的高级职员敦促福特改变他的基本方针，以便于更好地应对竞争，就连福特的夫人也劝告福特不要再固执己见。但是福特拒绝了，他争辩道："我们希望制造出某种永远能用下去的机器，我们希望买了我们一件产品的人永远不需要再买另一件。我们决不会作出使先前样式废弃不用的任何改进。"

他这样做的直接后果是他的大多数助手纷纷离去以及公司产品销售量的大幅度下降。到1927年，他把34家工厂关闭6个月，以便重新安排生产。但是，关闭以后整整一年的时间里，生产并没有全面展开。1936年，在轿车销售量方面，福特汽车公司屈居第三，排在通用公司（占34%）和克莱斯勒（占25%）之后。

1927年以后，通用公司的实力表现在每年大张旗鼓地介绍新式汽车，研究并试制行驶性能更好的封闭汽车，以及精明老练地处理二手车的相关业务。福特喜欢取笑这些管理制度，他把一个公司的组织系统表比作一棵树，认为这棵树"结满累累的果实。每个果子上写了一个人或一个机构的名字，每个人都有头衔和一些职责，他们都严格受到果实大小的限制"。一个下级职员要把信息传递给董事会主席或总裁大约需要六个星期，而到那个时候，他要报告的事很可能已经成为历史。

福特不仅仅是补锅匠，而且是处于农村和城市之间的美国人的代表人物。他的价值标准根植于农村，他所理解的城市和大规模生产的价值，是越来越多人买得起这些产品（T型汽车在1925年达到290美元/辆的历史最低价），买卖中不做手脚，以及卖主和买主的长久关系；他提供的服务也大体符合农村的良好传统。然而，对于T型汽车而言，福特收到了最糟糕的宣传结果——不满意的顾客。这是因为有些城市的价值标准与农村的价值标准是掺和不起来的。

降低汽车价格是有限度的，这种限度却很少适用于西尔斯、彭尼、洛克菲勒和卡内基出售的低价商品。因为人们的价值观念、消费观念是变化的，而且是迅速变化的，到20世纪20年代，汽车已成为美国人个性的延伸。随着城市居民人数第一次超过农村居民人数，美国人发出了要求体现个性的呼声，而这在渴望自由呼吸的城市大街上、拥挤的人群中曾受到长期的压抑。

统一样式的T型汽车，按福特本人的说法就是："任何顾客都可以把它的车子漆上他喜欢的颜色，只要它是黑色的就行。"而通用公司的口号则是："为不同经济能力的人和不同用途提供汽车。"在这样的口号下，通用公司提供给顾客的是大家都买得起的形形色色的汽车。而福特公司在老福特的错误观念引导下，一直只生产一种型号的汽车，甚至只生产一种颜色——黑色的汽车。这最终导致了福特公司在当时激烈的市场竞争中败下阵来。1947年福特逝世以后，福特公司改变策略，最终重新获得了它早期的领先地位。

（资料来源：王兴明．市场营销学：第3版．南京：南京大学出版社，2015：18－19.）

思考题

（1）如果你是福特公司的一名主管人员，请设想一下有什么办法可以使固执的老福特改变主意？

（2）请根据材料分析福特公司的经营观念。

模块三

实 训 练 习

【实训目的】

1. 建立市场营销的基本概念
2. 形成现代市场营销观念
3. 建立营销职业意识，学会用市场营销的理论分析问题

【组织方式】

根据班级学生人数分成若干小组，每一小组人数以 4 ~ 8 人为宜。小组成员分工合作，在教师的指导下进行选题策划，并分别收集不同的资料和数据，以小组为单位组织研讨。小组在充分讨论的基础上，形成各自的课题报告。

【实训内容】

1. 目前对从事市场营销职业的相关人员的种种称呼
2. 市场营销职业涉及的行业及其在相关领域的受重视程度

单元二

高尔夫市场营销新发展

学习目标

- 能结合市场营销理论知识，在实践中灵活运用整合营销、服务营销、关系营销和内部营销方式
- 了解高尔夫市场营销的发展趋势

案例导入

海尔在美国成功的奥秘

1999年4月30日，海尔公司在美国南卡罗来纳州中部一个人口规模为8 000的小镇坎姆登，举行了投资3 000万美元的海尔生产中心奠基仪式。一年多以后，第一台带有“美国制造”标签的海尔冰箱从生产线走下来，海尔从此开始了在美国制造冰箱的历史，成为中国第一家在美国制造和销售产品的公司。从向美国出口冰箱到现在的数年时间里，海尔冰箱已成功地在美国市场建立起自己的品牌。2003年，沃尔玛连锁店开始销售海尔的两种小型冰箱和两种小型冷柜，并与海尔签订了再购买10万台冰箱的协定。海尔在美国最受欢迎的产品是学生宿舍和办公场所使用的小型冰箱。在卧式冷柜方面，海尔也取得了成功，在美国同类产品中获得约1/3的市场占有率。海尔的窗式空调机同样具有广阔的市场前景。

美国是非常成熟的市场，也是世界上最难进入的市场之一。亚洲许多公司都在这个市场上栽了跟斗。台湾的Acer曾在10多年里花了10多亿美元在美国推销其品牌，但最终因亏损严重而退出。我国国内公司目前主要通过接单生产或OEM的方式进入美国市场。例如，科龙在香港和东南亚销售时贴的是自己的品牌，但在美国和欧洲的销售都选择OEM，即它出口到美国的产品都以美国公司的品牌销售。例如，在美国沃尔玛连锁店销售的Magic Chef牌冰箱就是科龙设计和制造的。海尔是第一家在美国市场上打出中国品牌的企业。

那么，海尔靠什么向美国著名企业叫板呢？

1. 美国市场调研

(1) 需求潜力。1998年、1999年中国出口美国的冰箱的价格总额分别为4 718万美元、6 081万美元，其中海尔冰箱分别占1 700多万美元、3 100多万美元。据统计，在美国建一个冰箱厂的盈亏平衡点是28万台，海尔现在的冰箱出口已远超这个数字。据统计，21世纪初，在美国180升以下小冰箱市场中，海尔已占了超过30%的市场份额，但大规格冰箱则曾长期因远隔重洋而无法大批量出口。调整后，海尔冰箱在美国市场的产品结构将更加合理，市场占有率也将进一步提高。

（2）消费者的需求结构。21世纪初在美国，200升以上的大型冰箱被GE、惠尔浦等企业垄断；160升以下的冰箱销量较少，GE等厂商认为这是一种需求量不大的产品，没有投入多少精力去开发市场。然而，海尔发现美国的家庭人口正在变少，小型冰箱将会越来越受欢迎。独身者和留学生就很喜欢小型冰箱。美国营销专家科特勒说："老一代习惯于像GE这样的老品牌；年轻人对家电尚未形成任何习惯性的购买行为，因为他们刚有自己的第一个公寓或者正在建立自己的第一个家、买自己的第一个冰箱。所以，我认为（海尔战略）定位于年轻人是明智的决策。"

根据以上调查分析，海尔决定在美国市场开发从60升到160升的各种类型的小型冰箱，这些冰箱的需求潜力很大。

2. 市场营销方案

（1）产品设计采用当地化战略。当地化战略最重视的是当地特殊的消费需求，因此强调针对当地市场的特殊需求设计和营销产品。这种战略的最大优势是考虑了产品在不同地方的需求差异。如冰箱，每个国家都有不同的气候带、电压状况及消费习惯，对冰箱的设计要求也各有所爱。海尔当时在美国市场上的竞争采用的基本上是当地化战略：在洛杉矶建立"海尔设计中心"，在南卡罗来纳州建立"海尔生产中心"，在纽约建立"海尔美国贸易公司"，形成设计、生产、销售"三位一体"的经营格局。这样做的主要目的是更好地了解美国市场，更快地针对市场变化作出反应。海尔在美国销售的许多产品都不是其原有产品，而是专门针对美国市场设计和生产的。例如，出口到美国的"大统帅"BCD－275海尔冰箱，就是根据海尔海外信息站的反馈，针对美国人对冰箱外观、制冷能力和使用习惯等区域化特征而专门设计、开发与制造的。

（2）价格。海尔当时在美国市场能占得先机是因为其低廉的价格。在沃尔玛里，海尔2.7立方英尺（约合为0.08立方米）冰箱的零售价格为115美元，而14.3立方英尺（约合为0.40立方米）冰箱则为350美元，这比惠尔浦同类产品的价格低了整整50美元。海尔在美国设厂的目的：一是使产品更加本土化；二是进一步降低产品成本，使价格更具竞争力。1999年4月30日，美国南卡罗来纳州的海尔生产中心奠基。该中心占地44.5万平方米，计划分6期建设。首期项目是建筑面积为2.7万平方米的冰箱厂，已于2000年3月建成投产，设计年产能力为50万台，在美国冰箱企业中名列第六。在美国设厂可以有效规避国际贸易中的非关税壁垒，如运费。20世纪初，美国曾将亚洲运往美国的集装箱运费提高50%。此外，将来还会遇到技术壁垒等"入世"也无法解决的难题。因此，海尔认为"进入"成本是进一步拓展美国市场亟待解决的问题。

（3）促销。打出品牌的一个主要手段是广告。海尔在美国市场上的宣传曾比较低调，除了在几个主要机场的手推车上打上"Haier"商标外，基本没有什么广告宣传。后来，海尔加强其品牌战略，在美国采用新的广告媒体，包括广告牌、汽车站和电视等，取得较好效果。

（资料来源：王慧彦．市场营销安全新编．北京：清华大学出版社，北京交通大学出版社，2004：1－5.）

思考题

（1）海尔为什么能在强手如云的美国取得成功？

（2）通过此案例，你如何理解"市场营销"这个概念？

模块一

基础知识

一、 整合营销

整合营销，是指一种系统化结合各种营销工具和手段，根据环境进行即时性的动态修正，使交换双方在交互中实现价值增值的营销理念与方法。

（一）整合营销的特征

（1）以消费者为核心。

（2）以建立资料库为基础。

（3）核心工作是培养真正的消费者价值观。

（4）以一致的信息为支撑点进行传播。

（5）以各种传播媒介的整合运用为手段进行传播。

（二）整合营销的优点

（1）符合社会经济发展潮流及其对企业市场营销所提出来的新要求。

（2）有利于配置资源，优化组合，提高企业的经济效益。

（3）有利于企业更好地满足消费者的需求。

（4）有利于企业的持续发展。

（5）有利于从观念到行为的整合。

（6）有利于企业上下各层次的整合。

（7）有利于企业各个部门的整合。

（8）有利于营销策略的整合。

（9）有利于企业长远规划与近期活动的整合。

（10）有利于企业开展国际化营销。

二、服务营销

服务营销，是指企业在充分认识消费者需求的前提下，为满足消费者需求而在营销过程中所采取的一系列活动。服务营销是一种营销理念，企业营销的是服务；而传统的营销方式只是一种销售手段，企业营销的是具体的产品。服务营销观念认为，消费者购买了产品仅仅意味着销售工作的开始而不是结束。企业关心的不仅是产品的成功售出，而且更注重消费者在享受企业通过产品所提供的服务的过程中的感受，因而具有以下五个特点。

（一）供求分散性

服务营销活动中，服务产品的供求具有分散性，要求服务网点广泛而分散，尽可能接近消费者。

（二）营销方式单一性

生产与消费的统一性，决定了服务营销只能采取直销方式，而不能采取中间商介入、储存待售等。服务营销方式的单一性、直接性，在一定程度上限制了服务市场规模的扩大，也限制了服务企业可销售服务产品的范围，这给服务产品的推销带来了困难。

（三）营销对象复杂多变

服务市场的购买者是多元的、广泛的、复杂的。消费者购买服务的动机和目的各异，某一服务产品的购买者可能涉及社会各界、各业、各类家庭和各种身份的个人。

（四）服务需求弹性大

服务需求受外界条件的影响较大，如季节的变换、气候的变化及科技发展的日新月异等对信息服务、环保服务、旅游服务、航运服务的需求造成重大影响。需求的弹性是服务业经营者最棘手的问题之一。

（五）对服务者的技术、技能、技艺要求高

服务者的技术、技能、技艺直接关系着服务质量。服务者的服务质量不可能有唯一的、统一的衡量标准，但能有相对的标准，也能凭购买者的感觉来体会。

三、 关系营销

关系营销，是指把营销活动看成一个企业与消费者、供应商、分销商、竞争者、政府机构及公众发生互动作用的过程。其核心是建立和发展与公众的良好关系。

（一）关系营销的特征

1. 双向沟通

在关系营销中，沟通应该是双向的，而非单向的。只有在广泛地交流和共享信息的基础上，才可能使企业赢得各个利益相关者的支持与合作。

2. 合作

关系只有通过合作才能实现协同，因此合作是双赢的基础。

3. 双赢

关系营销旨在通过合作来增加关系各方的利益，而不是通过损害其中一方或多方的利益来增加其他各方的利益。

4. 亲密

关系营销不只是要实现物质利益的互惠，还必须让参与各方能从关系中获得情感的需求满足。

5. 控制

关系营销要求通过建立专门的部门来跟踪顾客、分销商、供应商及营销系统中其他参与者的态度，借此了解关系的动态变化，及时采取措施消除关系中的不稳定因素和不利于关系各方利益共同增长的因素。

（二）关系营销的基本模型

1. 顾客忠诚是关系营销的中心

企业高度重视顾客忠诚，是因为忠诚的顾客会重复购买产品。顾客忠诚的前提是顾客满意，而顾客满意的关键条件是其需求的满足。只有对企业满意的顾客才会给企业带来有形或无形的好处，如重复购买该企业产品、宣传企业形象等。

2. “梯度推进”构成关系营销

贝瑞和帕拉苏拉曼归纳了创造顾客价值关系营销的三种层次：一级

关系营销、二级关系营销和三级关系营销。一级关系营销是最低层次的关系营销，它维持顾客关系的主要手段是利用价格刺激，增加目标市场顾客的财务利益；二级关系营销层次略高于一级关系营销，主要通过建立顾客组织，包括顾客档案，正式的、非正式的球会以及顾客协会等，增加社会利益的同时附加财务利益；三级关系营销则要求与客户建立结构性关系，提高客户转向企业竞争者的机会成本，同时增加客户脱离企业竞争者而转向本企业的收益。

3．“作用方程”是关系营销的模式

企业不仅面临着来自同行业竞争对手的威胁，而且在外部环境中面临着潜在进入者和替代品的威胁，以及供应商与顾客之间讨价还价的较量。企业营销的最终目标是使本企业在产业内部处于最佳状态，能够抗击或改变作用力。

四、 内部营销

内部营销，是指成功雇用、训练并尽可能激励员工很好地为顾客服务的工作，即向内部人员提供良好的服务，加强与内部人员的互动关系，以便于一致对外地开展外部的服务营销。内部营销是一种把雇员当成消费者的哲学。

（一）内部营销的要点

在实施内部营销时，必须掌握两个要点：①服务企业的员工是内部顾客，企业的部门是内部供应商。当内部受到最好服务并向外部提供最好服务时，企业的运营可以达到最优。②所有员工一致认同机构的任务、战略和目标。一个有向心力的企业做任何事情都是迅速的、高效的、优质的。

（二）内部营销的作用

第一，内部营销可获得受到激励的、有顾客意识的员工。员工对自身工作的满意度影响着产品和服务质量，从而决定了顾客满意和产品、服务附加值实现的程度。

第二，内部营销通过做好满足员工需要的工作来吸引、开发、激励和保留合格的人才，促使外部营销能更好地理解顾客，为其服务并使之满意。

五、 高尔夫市场营销的发展趋势

当今世界经济主要以互联网、知识经济、高新技术为代表，以满足消费者的需求为核心，这要求高尔夫的营销手段必须满足市场发展的需要。因而呈现出以下趋势：

（一）顾客消费趋于流行化

随着经济的发展，人们对健康、高雅、休闲的高尔夫运动的追求可能成为一种时尚，高尔夫企业的市场营销工作因而变得更具挑战性。

（二）市场细分越来越个性化

人们收入和消费水平的上升，使消费需求从原来的追求数量转变为追求质量。消费个性化使得高尔夫企业在设计产品和服务时，需考虑"量身定制"的问题。

（三）顾客预期不断上升

市场竞争的加剧要求各高尔夫企业提供的产品质量、服务质量不断提高，以至于消费者对高尔夫企业所提供的产品和服务的期望随之提高。高尔夫企业若想令顾客真正满意需付出更多努力。

（四）高尔夫企业之间的竞争加剧

应用技术能力的提高和市场信息的快速传递，使市场障碍不断弱化、行业渗透性越来越强，高尔夫企业之间的竞争也越来越激烈。这使高尔夫企业面临更大的压力。

模块二

案例分析

案例一

泰国东方饭店的经营之道

泰国的东方饭店堪称亚洲饭店之最，几乎天天客满，不提前一个月预订很难有入住机会。泰国在亚洲算不上特别发达，但为什么会有如此诱人的饭店呢？是因为泰国的旅游风情吗？错了，它靠的是真功夫，是非同寻常的客户服务，也就是现在经常被提到的客户关系管理。

它的客户服务到底好到什么程度呢？我们不妨通过一个实例来看一下。余世维（台湾著名管理咨询专家）先生曾经讲述了一件亲身经历的事。他曾出差到泰国，并住在东方饭店。第一次入住时，良好的饭店环境和服务就给他留下了深刻的印象。当他第二次入住时，几个细节更使他对饭店的好感迅速升级。入住第一天的早上，在他走出房门准备去餐厅的时候，楼层服务生恭敬地问道："余先生是要用早餐吗？"余先生很奇怪，反问："你怎么知道我姓余？"服务生说："我们饭店规定，晚上要背熟每个房间的客人的姓名。"这令他大吃一惊，因为他频繁往返于世界各地，入住过很多高级酒店，但这种情况还是第一次碰到。他高兴地乘电梯下到餐厅所在的楼层，刚刚走出电梯门，餐厅的服务生就说："余先生，里面请。"他更加疑惑，因为服务生并没有看到他的房卡，怎么知道他姓余呢？于是疑惑地问："你知道我姓余？"服务生答道："上面的电话刚刚下来，说余先生您已经下楼了。"如此高的效率让他再次大吃一惊。余先生刚走进餐厅，一位服务小姐微笑着问："余先生还要老位置吗？"他的惊讶再次升级，心想："尽管我不是第一次在这里吃饭，但最近的一次已是在一年多以前了，难道这里的服务小姐记忆力那么好？”看到他惊讶的目光，这位服务小姐主动解释说：“我刚刚查过电脑记录，您于去年6月8日在靠近第二个窗口的座位上用过早餐。”他听后兴奋地说：“老位置！老位置！”服务小姐接着问：“老菜单？一个三明治，一杯咖啡，一个鸡蛋？”现在他已经不再惊讶了：“老菜单，就要老菜单！”

这种细致的服务不要说在一般的酒店，就是在美国最好的饭店里他都没有见过。这一次早餐给他留下了终生难忘的印象。后来，由于业务调整，他有三年的时间没有再去泰国，但在他那年生日的时候突然收到了一封东方饭店发来的贺卡，里面附了一封信，内容是：“亲爱的余先生，您已经有三年没有来我们这里了，我们全体人员都非常想念您，希望能再次见到您。今天是您的生日，祝您生日愉快。”余先生当时激动得热泪盈眶，发誓如果再去泰国，绝对不会到任何其他的饭店，一定要住在东方饭店，而且要说服所有的朋友都去东方饭店。余先生看了一下信封，上面贴着一枚六元泰铢的邮票。六元就这样买到了一颗心，这就是客户关系管理的魔力。

东方饭店非常重视培养忠诚的客户，并建立了一套完善的客户关系管理体系，使客户入住后可得到无微不至的人性化服务。迄今为止，世界各国约有20万人曾经入住那里。用东方饭店的话说，只要每年有十分之一的老顾客光顾，饭店就会永远客满。这就是它成功的秘诀。

（资料来源：厉嘉玲．市场销售：第3版．南京：江苏科学技术出版社，2008：161－162.）

现在客户关系管理的观念已经被企业普遍接受，而且相当一部分企业已经建立起自己的客户关系管理系统，但真正能做到像东方饭店这样的并不多见。西方营销专家的研究和企业的经验表明：“争取一个新顾客的成本是留住一个老顾客的7倍，一个老顾客贡献的利润是新顾客的16倍。”在这样一个微利时代，顾客忠诚创造的价值越来越明显。

20世纪80年代以来，新经济发展给营销领域带来了深刻的影响。上述所说的客户关系管理正是产生于高度竞争的新经济年代。新经济的表现特征主要有数字化和信息网络化、差异化和个性化、行业趋同等。相应地，营销经营方式也在发生变化，如从关注赢利性交易到关注顾客终身价值的转变、从仅仅关注获得客户到关注留住客户的转变、从无顾客满意度衡量标准到详尽的顾客满意度衡量标准的转变、从关注股东到关注所有利益相关者的转变、从营销人员从事营销到人人都关注营销的转变等。在此背景下出现的营销新思想越来越多，领域也越来越广，关系营销、整合营销、绿色营销、网络营销、创新营销等方式纷纷出现。

案例二

中国高尔夫产业发展现状及市场规模预测

高尔夫的相关产业包括制造业、服务业、房地产业。制造业主要有高尔夫服装、高尔夫球杆球具、高尔夫球场设施设备业。服务业有球场养护业、球场设计、赛事运营、场馆运营、高尔夫旅游业等。同时，高尔夫球场建设与房地产捆绑配套发展，二者相互促进。详细情况见智研咨询发布的《2017—2022 年中国高尔夫行业发展现状及投资战略研究报告》（2016 年 11 月）。

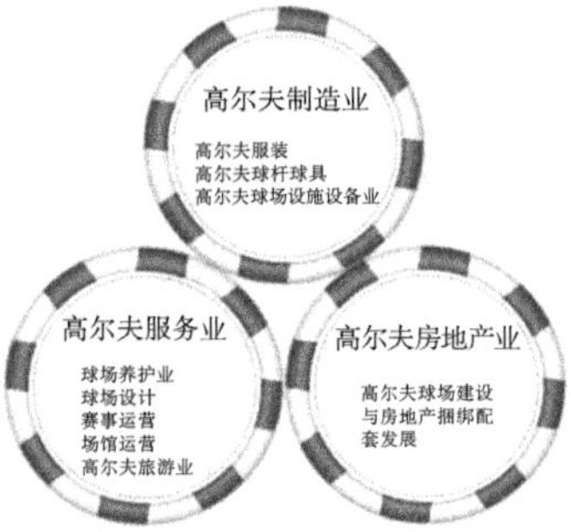

高尔夫用品市场规模已达百亿美元，其中球杆占比约为 40%。2015 年，全球球杆销售额为 47 亿美元，相当于高尔夫用品市场销售额的 39.6%。高尔夫服装（包括鞋和服饰）零售额为 46 亿美元，占比 39.1%。高尔夫球及其他配件销售额分别为 14 亿美元和 11 亿美元，各占高尔夫用品市场的 11.8% 和 9.5%。2010 年至 2015 年，全球高尔夫产品市场稳定扩张，年复合增长率为2.2%；2015年零售额达118亿美元（约合800亿元人民币）。预计该市场未来数年将以更高比率增长，2019年市场规模将达到133亿美元（约合900亿元人民币），年复合增长率达3.0%。

高尔夫赛事运营是其商业化运作的核心。当前主流高尔夫赛事是一系列国际比赛，国内比赛影响力有限。国外最具有影响力的四大赛事为美国名人赛、美国公开赛、美国PGA锦标赛和英国公开赛，“生涯大满贯”即指获得这四大赛事的冠军。国内职业化比赛起步较晚，较有影响力的赛事多为业余比赛，包括观澜湖世界高尔夫明星赛、业余高尔夫巡回赛、希望赛、俱乐部联赛等。

（资料来源：http：//www.chyxx.com/industry/201611/463150.htm.）

模块三

实训练习

【实训目的】

了解市场营销发展的新概念、新动向、新领域，能够加以运用。

【组织方式】

学生以4～8人为一组组成研究性学习小组，并确定负责人。通过网络、杂志等途径收集市场营销新发展的相关资料，以小组的形式进行讨论。

【实训内容】

1. 调查市场营销发展新涉及的行业

2. 了解市场营销理论方面近几年提出的新概念，并分析其运用情况

3. 总结市场营销发展的历程，讨论其未来发展趋势

单元三

高尔夫市场营销环境分析

学习目标

- 能识别市场营销和高尔夫市场营销的宏、微观环境，并概括其特点
- 能阐明高尔夫宏观营销环境和微观营销环境各自包含的具体内容
- 能够对高尔夫市场营销环境进行有效分析，并制定相应的对策

案例导入

高尔夫营销环境的相关消息

广东省高尔夫协会在2009年12月4日下发《关于降低高尔夫球场营业税税率的通知》，《通知》称："接省政府通知，11月25日黄华华省长主持召开省政府常务会议研究，决定从2010年1月1日起，高尔夫球场营业税率按10%征收。"

据北京时间2009年10月9日的消息，国际奥委会（IOC）第121次全会在丹麦首都哥本哈根投票决定，高尔夫和七人制橄榄球成为2016年、2020年两届奥运会的正式比赛项目。

2009年11月19日《北京商报》以"谨防借入奥之名违规建设　国土部重申高尔夫禁令"为题，报道了国土资源部的一则警告："'入奥'不等于'解禁'，各地须谨防借'入奥'之名违规建设高尔夫项目。"

2009年11月30日人民网报道：中央治理工程建设领域突出问题工作领导小组办公室、国土资源部、监察部联合举行新闻发布会，公开挂牌督办五起国土资源违法案件。这五起案件中包括廊坊市上城体育发展有限公司的"艺林文化公园"建设项目和安吉龙袍坞生态健身有限公司的"中国安吉生态旅游健身中心"项目。

2009年12月1日，《国务院关于加快发展旅游业的意见》发布。《意见》指出要"积极发展休闲度假旅游，引导城市周边休闲度假带建设"，"有序推进国家旅游度假区发展"，"规范发展高尔夫球场、大型主题公园等"，"继续发展红色旅游"，"大力培育发展具有自主知识产权的休闲、登山、滑雪、潜水、露营、探险、高尔夫等各类户外活动用品及宾馆饭店专用产品"。

模块一

基础知识

企业开展营销活动既受到自身条件的限制，也受到外部条件的制约。通过了解企业营销活动的变化，识别由于环境变化而造成的机会与威胁，是营销人员的工作职责之一，也是成功开展营销活动的重要条件。营销环境是指影响企业生存与发展的各种外部环境。外部环境是指那些与企业营销活动有关联的因素之和，而不是整个外界事物。它包括宏观与微观两部分，即直接营销环境与间接营销环境。高尔夫市场营销环境是指影响高尔夫企业经营组织市场能力及其目标实现的各种企业内部条件和外部条件的总和。高尔夫市场营销环境具有以下特点。

（1）客观性。客观性是高尔夫市场营销环境的首要特征。高尔夫市场营销环境的存在不以营销者的意志为转移，主观地臆断某些环境因素及其发展趋势，往往造成企业盲目决策，进而导致在市场竞争中的惨败。

（2）动态性。动态性是高尔夫市场营销环境的基本特征。任何环境因素都不是静止的、一成不变的，它们始终处于变化甚至是急剧的变化之中。例如顾客的消费需求偏好和行为特点在变、宏观产业结构在调整等。企业必须密切关注营销环境的变化趋势，以便随时发现市场机会和监视可能受到的威胁。

（3）复杂性。高尔夫市场营销环境包括影响企业市场营销能力的一切宏观和微观因素。这些因素涉及多方面、多层次，而且彼此相互作用和联系，既蕴含着机会，也潜伏着威胁，共同作用于企业的营销决策。

（4）不可控性。相对于企业内部管理机能，如企业对自身的人、财、物等资源的分配使用，高尔夫市场营销环境是企业无法控制的外部影响力量。例如，无论是直接营销环境中的消费者需求特点，还是间接营销环境中的人口数量，都不可能由企业来决定。

一、 高尔夫宏观营销环境

高尔夫宏观营销环境是指会对高尔夫企业营销活动的市场机会或环境造成威胁的主要社会力量，包括人口环境、经济环境、自然环境、政治环境、法律环境、科技环境、社会文化环境等因素。企业处于宏观环境中，并受到其影响。

（一）人口环境

人既是生产活动的主体，也是消费活动的主体。人类通过生产及消费与经济发生密切关系，人口增长和经济发展之间形成相互依存、相互渗透、相互制约的对立统一的辩证关系。人既是一种生产力，也是一种消费力。人口是决定市场容量的重要因素之一。因为市场是由那些既有购买欲望又有购买力的人构成的，所以人口的多少直接决定着市场的潜在容量：人口越多，市场规模就越大。而人口的年龄结构、地理分布、婚姻状况、出生率、死亡率、人口密度、人口流动性及其文化教育程度等特性都会对市场格局产生深刻影响，并直接影响着企业的市场营销活动。因此，企业必须重视对人口环境的研究，密切注视人口特性及其发展动向，不失时机地抓住市场机会，当出现威胁时，应及时、果断调整营销策略以适应人口环境的变化。从影响消费需求的角度看，对人口环境的分析包括以下几方面的内容。

1. 人口总量

人口数量是衡量市场潜在容量的重要因素。目前，世界上人口在1亿以上的国家有10个，其中，中国、印度和美国的人口占世界总人口的60%，这些人口众多的国家，其市场潜在容量也相对较大。

2. 年龄结构

年龄结构呈现出以下趋势：一方面，人口老龄化加速；另一方面，出生率不断下降。

就我国来说，2000年第五次人口普查资料显示，14岁以下人口数占总人口数的22.9%，65岁以上人口数占总人口数的6.95%。2010年第六次人口普查资料则显示，14岁以下人口数占总人口数的16.6%，65岁以上人口数占总人口数的8.87%。从这些数据看，婴、幼儿和少年、儿童用品市场依然能持续一段时间；老年人的市场仍相对较小。

从1990年到2000年的10年间，65岁以上人口数量上升了

1.39%；而从2000年到2010年，65岁以上人口数量上升了1.92%，这意味着老龄人口越来越多，有关保健用品、营养食品以及老年人生活、休闲娱乐等用品的生产企业将有机会得到充分发展。第六次人口普查资料显示，我国总和生育率为1.18%。

在1990年到2000年的10年间，14岁以下人口的数量下降了4.8%；2000年到2010年，则下降了6.29%，较前十年有所增加。一方面，人口出生率的持续下降，造成儿童用品需求减少，对儿童用品生产行业是一个威胁；另一方面，人口出生率的下降使许多夫妇有更多的闲暇时间和收入接受文化教育及进行旅游、体育运动等休闲活动，对第三产业来说是一个机会。

3. 地理分布

居住在不同地区的人群，由于地理环境、气候条件、自然资源等的不同，消费需求也存在差异。如我国北方由于冬天气候干燥，许多家庭会购买加湿器，但温暖潮湿的南方却无此需求。

4. 家庭结构

家庭规模缩小、年轻人结婚年龄推后、离婚率上升、头胎孕妇平均年龄提高、配偶生养儿女数目减少……传统的大家庭正被小家庭取代，家庭的结构也越来越趋于多元化。目前，家庭规模缩小已经是世界趋势。家庭规模小型化，一方面导致家庭总户数的增加，进而引起对家庭用品总需求的增加；另一方面则意味着家庭结构的简单化，从而引起家庭需求结构的变化，例如单人户、双人户和三人户的增加使得家庭对产品本身的规格和结构有不同于多世同堂的大家庭的要求。营销者应在产品设计、包装和促销上作出相应的调整。

5. 人口性别

性别差异带来需求差异。如女性更愿意将钱花费在服装、化妆品、宠物上；男性则更愿意花费在电子设备、音响、就餐等方面。

6. 教育程度

一般来说，随着受教育人数的增加和受教育水平的提高，人们对优质高档产品、旅游、书籍、杂志等文化消费品的需求会增加，而且人们的需求会更加追求个性化和多样化。此外，企业采用的营销手段及其效果也因目标顾客的受教育程度而异。

小链接

美国一家汽车公司生产了一种品牌叫“Cricket”（蟋克脱）的小型汽车，这种汽车在美国很畅销，但在英国却不受欢迎。其原因就在于语言文字上的差异。“Cricket”一词有“蟋蟀”“板球”的意思，美国人喜欢打板球，所以一说“Cricket”就想到蟋蟀，汽车品牌叫“Cricket”，意思是“个头小，跑得快”，所以很受欢迎。但在英国，人们不喜欢玩板球，所以一说“Cricket”就认为是板球。人们不喜欢品牌名为板球的汽车。后来，美国公司把其在英国的产品名改为“Avenge”，意思是“复仇者”。因为这个名称不是说明它小，而是说明它有力量，结果很受欢迎，销量大增。

（资料来源：周梅华．市场营销学教程：第 4 版．徐州：中国矿业大学出版社，2009：337.）

（二）经济环境

市场营销学认为，市场是由那些想购买物品或服务并且具有购买力的人构成，除了人口以外，购买力是构成市场和影响市场规模大小的另一个重要因素。而购买力的大小又受到消费者的收入水平、储蓄、信贷等因素的影响。因此，经济环境也是影响企业营销活动的重要因素。

1．收入状况

收入是决定消费者购买力的主要因素。在研究消费者收入时，常采用以下指标。

（1）人均国内生产总值（人均 GDP）。

GDP 总额反映了全国市场的总容量、总规模。人均 GDP 则从总体上影响和决定了消费结构及消费水平。

（2）消费者个人收入。

即消费者从各种渠道所得的货币收入，包括个人工资、奖金和其他劳动收入，以及退休金、红利、馈赠、出租收入等。研究消费者个人收入，首先，注意区分实际收入与货币收入。通货膨胀、失业、税收等因素有时会使货币收入增加，实际收入却下降。如消费者的货币收入不变而物价上涨，则其实际收入减少。其次，注意区分个人可支配收入和个人可任意支配收入。个人可支配收入是指个人收入减去直接负担的各项税款和非税性的负担，如工会费、交通罚款等之后的余额。这是消费者能够作为个人消费或储蓄的数额。个人可任意支配收入是指个人可支配收入减去维持生活所必需的衣、食、住、行等支出后的余额，是影响消费者需求变化的最活跃因素。这部分收入越多，人们的消费水平越高，企业的营销机会也越多。

2. 支出状况

消费者支出模式主要受消费者收入的影响，随着消费者收入的变化，消费者支出模式会发生相应变化。在衡量消费者支出模式时，恩格尔系数是其重要指标之一。德国统计学家恩格尔在1857年研究劳工家庭支出构成时指出：当家庭收入增加时，多种消费品支出的比例也会相应增加，但用于购买食物支出的比例会下降。这便是“恩格尔定律”。消费支出中用于食物方面的支出占全部支出的比重称为“恩格尔系数”。根据联合国粮农组织提出的标准，恩格尔系数小于0.3为最富裕，0.3~0.4为富裕，0.4~0.5为小康，0.5~0.59为温饱，0.59以上为贫困。恩格尔系数越大，生活水平越低；反之，生活水平越高。2006年，我国城镇和农村居民家庭的恩格尔系数分别为0.358、0.43；到了2015年，我国城镇居民家庭的恩格尔系数为0.348，农村居民家庭则是0.371。用此系数衡量，我国城镇居民和农村居民都已基本过上了富裕生活。

3. 消费者储蓄和信贷情况

消费者除了将收入用于消费支出之外，也会将其收入的一部分储蓄待用，较高的储蓄率会推迟现实的消费支出，加大潜在的购买力。我国储蓄率相当高，国内市场潜量规模甚大。消费信贷使消费者可用贷款先取得商品使用权，再按约定期限归还贷款。消费信贷的规模与期限在一定程度上影响着消费者购买力的大小，消费信贷可提前实现某些昂贵商品的销售。

4. 经济发展水平

企业的市场营销活动还受到一个国家或地区的整体经济发展水平的制约。经济发展阶段不同，居民的收入不同，消费者对产品的需求也不一样，从而会在一定程度上影响企业的营销。例如，以消费者市场来说，市场营销方面，在经济发展水平比较高的地区，侧重于产品款式、性能及特色，品质竞争多于价格竞争；而在经济发展水平低的地区，则较侧重于产品的价格、功能及实用性，价格因素比产品品质更重要。在生产者市场方面，经济发展水平高的地区着重投资较大而能节省劳动力的先进、精密、自动化程度高、性能好的生产设备。因此，对于不同经济发展水平的地区，企业应采取不同的市场营销策略。世界各国的经济发展是不平衡的，一个国家所处的发展阶段不同，工业化程度和生产力水平不同，其消费者对产品的需求也不同，从而影响了企业的营销活动。美国著名经济史学者罗斯托（W. W. Rostow）将一个国家的经济发展分为五个阶段：传统经济社会阶段、经济起飞前的准备阶段、经济起飞阶段、经济成熟阶段和大量消费阶段。处于前三个阶段的国家被称为发展中国家，而处于后两个阶段的国家被称为发达国家。一般而言，处于不同发展阶段的国家，具有不同的经济特性，代表不同的生产和经营体系，其消费者的需求模式也有所不同，所以在这些国家中，企业面临的营销机会和问题有所区别。

（三）自然环境

高尔夫市场营销活动受自然环境的影响，也对自然环境的变化负有责任。一方面，自然环境影响着企业营销活动所需要的资源，如资源短缺造成生产成本的增加；另一方面，营销管理者要注意其营销活动对自然环境的影响，如环境污染等。随着消费者社会意识的增强，不顾自然环境的“短视”营销行为，必将损害企业的形象，牺牲企业的长远利益。

（四）政治环境

政治环境主要是指高尔夫企业市场营销的外部政治形势。政局的稳定不仅有利于经济的发展，还影响着消费者的心理预期，进而影响市场的需求变化。政治权力的影响表现为政府机构通过采取某种措施约束外来企业或产品，如进口限制、劳工限制等。我国安定、和谐的政治局面，不仅有利于经济发展和人们收入的增加，而且影响消费者的心理状况和市场需求。每一个国家都会在不同的时期，根据不同的需要颁布不同的经济政策，制定其经济发展方针，这些政策、方针不仅影响本国企业的营销活动，还影响外国企业在本国市场的营销活动。我国的方针政策，规定了国民经济的发展方向和速度，也直接关系到社会购买力的提高和市场消费需求的增长。

小链接

1977年，洛杉矶的斯坦福·布卢姆以25万美元买下西半球公司一项专利，生产一种名叫“米沙”的小玩具熊，用作1980年莫斯科奥运会的吉祥物。在此后的2年里，布卢姆和他的伊美治体育用品公司致力于“米沙”的推销工作，并把“米沙”商标的使用权出让给58家公司。成千上万的“米沙”被制造出来，分销到全国的玩具商店和百货商店，十几家杂志上出现了这种带4种色彩的小熊形象。开始，“米沙”销路良好，布卢姆预计这项业务的营业收入有5 000万美元到1亿美元。不料在奥运会开幕前，由于苏联拒绝从阿富汗撤军，美国宣布不参加在此次奥运会。骤然间，“米沙”变成让人深恶痛绝的对象，布卢姆的营销计划成了泡影。

（资料来源：叶生洪，等．市场营销经典案例与解读．广州：暨南大学出版社，2006.）

思考题

以上案例给了我们什么启示？

（五）法律环境

法律环境是指国家或地方政府颁布的各种法令、法规等。就我国而言，近几年陆续颁发的法规，如《广告法》《经济合同法》《反不正当竞争法》《商标法》《产品质量法》《专利法》《公司法》《价格法》《消费者权益保护法》等能从不同角度影响企业的市场营销活动。如果从事国际营销活动，企业既应遵守本国的法律制度，又要了解和遵守市场国的法律制度及有关的国际法规、国际惯例和国际准则。法律环境对国际企业的营销活动有深刻影响。例如，一些国家对外国企业进入本国经营设置各种限制条件或是利用法律对外国企业的某些行为作特殊限制，企业尤其是从事国际市场营销的企业必须了解和遵循这些特殊的法律规定。

（六）科技环境

科技环境不仅直接影响企业内部的生产经营效率，还通过与其他环境因素的相互作用，给营销活动带来机会或挑战。一方面，新技术的出现可能迫使企业的某些产品退出市场，如电视的普及吸引了电影院的观众，光盘取代了磁带，高铁抢走了部分长途汽车旅客等。另一方面，新技术又催生出大量的新企业。如网络技术的普及引起消费者购物方式的改变，电子商务的发展带动了阿里巴巴、京东等企业的繁荣。

（七）社会文化环境

社会文化是一个国家或地区教育水平、语言文字、价值观念、宗教信仰、风俗习惯等的总和。

（1）教育水平。教育水平主要对劳动者收入水平、生活方式及消费心理等方面产生影响。

（2）语言文字。人们常把语言与文化连在一起使用，可见语言文字是各文化要素中最具特征、区别最明显的要素之一。爱德华·霍尔提出“高背景文化”和“低背景文化”的概念。在低背景文化中，信息的表达比较直接明确，语言是沟通过程中大部分信息的载体。高背景文化中，一条信息的语言部分所包含的信息比前一种文化少，大部分信息隐含在沟通接触的过程中，涉及参与人员的背景、所属社团及其基本的价值观。中国、日本及一些中东国家属高背景文化国家，而欧美地区的国家则多为低背景文化国家。

（3）价值观念。如东方人比较注重集体观念，强调依他性形象，因此在购买商品时较注重自身的社会地位；而西方人则比较注重个人主义观念，强调实际的自我形象，购买时更强调自我意识。

（4）宗教信仰。日本精工曾推出一款手表：一天可以定五次时，提醒教徒定时朝拜，并且还在手表上设计了一个特别的、类似指南针的指针。但与指南针不同的是，无论戴这款手表的人在哪里，该指针都指向伊斯兰圣地麦加的方向。

（5）风俗习惯。风俗习惯是指历代沿袭下来的习俗。在中国，春节、清明节、端午节、中秋节、国庆节前夕，人们对商品的需求显著增加。尤其是春节，消费者集中采购现象极为明显。西方人重视圣诞节，因此西方主要的购物时节是“圣诞月”。

二、 高尔夫微观营销环境

高尔夫微观营销环境既受制于高尔夫宏观营销环境，又与企业营销形成协作、竞争、服务等关系，直接影响着高尔夫企业的营销能力。高尔夫微观营销环境是指那些与高尔夫企业有双向运作关系的个体、集团和组织，一般包括：高尔夫营销渠道企业、高尔夫消费者、竞争者以及公众。以上四个因素与高尔夫企业之间互相协作、竞争、监督，从各个方面影响高尔夫企业的营销活动。

（一）高尔夫营销渠道企业

高尔夫营销渠道企业主要包括高尔夫企业的上游供应商和下游中间商。供应商对高尔夫企业的营销活动有重大的影响。供应商提供的资源价格、品种、数量、质量及交货期等，直接影响高尔夫企业的生产成本以及产品的销售价格、销售量和利润等。

（二）高尔夫消费者

高尔夫消费者是指直接使用高尔夫企业提供的产品和服务的任何人，主要有三种类型：观看比赛型、亲身参与型、文化交流型。

高尔夫消费者是高尔夫企业的服务对象，高尔夫企业的营销活动正是围绕高尔夫消费者的需要而展开的，每一层级营销环境的研究亦然。高尔夫消费者是高尔夫企业最为重要的环境因素之一。根据购买者及其购买目的的不同，高尔夫市场被划分为消费者市场、生产者市场、中间商市场、政府市场及国际市场。

（三）竞争者

企业面对着形形色色的竞争对手，除了来自本行业的竞争者之外，还有来自替代用品生产者、潜在进入者等多方面的竞争。从消费需求的角度来看，竞争者可分为以下四种类型。

1. 欲望竞争者

欲望竞争者提供不同的产品，满足的是消费者不同的欲望。当消费者有多种需要时，满足这些需要的产品生产者就变成欲望竞争者。如某人赚了一笔钱后，想用这笔钱买一种交通工具或一套音响，或到外地旅游，因为他目前有这些需要，满足这些需要的不同产品的生产者，就是欲望竞争者。欲望竞争者是在消费者认识需要的过程中产生的。

2．平行竞争者

满足消费者同种需要的产品有多种，这些产品之间存在可替代性，是消费者在决定需要之后出现的新一级竞争。如上文所提的赚了一笔钱的人经过反复考虑，认为他目前迫切需要的是上下班的交通工具。要满足这种需要，可以有几种选择，如小汽车、自行车、电动车等均能改善他上下班的交通条件。而这所涉及的竞争者被称为平行竞争者。

3．产品形式竞争者

在满足同一种需要的同类产品之间依然存在着竞争，这种竞争是来自不同产品形式的竞争。仍以上文所提的“某人”为例，若他考虑自己的资金和需要后决定买一辆汽车，这时候他就需要考虑买哪种汽车，是汽油机汽车、柴油机汽车、电动汽车还是太阳能汽车等。这些不同类型汽车的生产者叫产品形式竞争者。

4．品牌竞争者

若上文所提的那位消费者决定购买汽油机汽车，他便又会考虑买哪种品牌的，是本田、丰田、福特还是通用、大众等，它们就是品牌竞争者。企业想在营销活动中获得成功，便需要与来自各个层面的对手展开竞争；准确识别竞争对手是成功的先决条件。为此，企业必须了解对自身形成威胁的主要竞争对手及其策略，知己知彼，方能战无不胜。

（四）公众

公众是指对企业实现营销目标的能力有实际或潜在利害关系和影响力的团体或个人，包括融资公众、媒介公众、政府公众、社团公众、社区公众、一般公众及内部公众等。

（1）融资公众是指影响企业融资能力的金融机构，如银行、投资公司、证券公司、保险公司等。

（2）媒介公众主要是指以报刊、广播电台、电视台、网络等为主的大众传播媒介。

（3）政府公众是指负责管理企业营销业务的有关政府部门，企业的发展战略及营销计划必须与政府的政策法规保持一致。

（4）社团公众主要包括消费者权益保护组织、环境保护组织以及其他社会群众团体。社团公众的意见影响着企业的营销活动。

（5）社区公众主要是指企业所在地邻近的居民和社团组织。对社区活动的支持，有利于争取社区对企业营销活动的理解和支持。

（6）一般公众是指上述各种公众之外的社会公众。

（7）内部公众是指企业的员工，包括高层管理人员和一般员工。企业从营销计划的制订到营销方案的实施，都离不开内部员工的支持。

随着高尔夫产业的继续发展，消费者选择高尔夫企业的机会大大增加。高尔夫企业将围绕客源问题展开激烈竞争，并在经营活动中，不断分析竞争对手的数量与规模、竞争者的竞争手段等，进而制定出有效的竞争对策，争取在竞争中取得优势。

三、 环境分析与营销对策

按系统论的观点，微观营销环境与宏观营销环境共同形成一个大系统；微观营销环境与宏观营销环境是这个大系统中的两个子系统，两者必须相互配合，才能产生系统效应。从企业角度看，宏观营销环境是企业不能控制的客观条件，处于不断变化的状态之中。所以，企业必须经常对其营销策略进行调整，以适应宏观营销环境的变化。宏观营销环境的变化对企业产生的影响可以从两个方面进行分析：一是对企业的市场营销活动产生有利影响，这对企业是一种市场机会；二是对企业的市场营销活动产生不利的影响，这对企业是一种环境威胁。可见，宏观营销环境是通过对企业构成环境威胁或为企业提供市场机会来影响企业的营销活动。面对市场机会吸引力和威胁程度不同的营销环境，企业需要通过环境分析来评估市场机会与环境威胁，进而提出相应的对策。通常，企业可采用“机会分析矩阵图”和“威胁分析矩阵图”来分析、评价营销环境。

（一）市场机会

市场机会也称环境机会，是指市场上出现的对企业营销活动富有吸引力和利益空间的领域。在这些领域中，企业拥有竞争优势。分析市场机会是企业营销管理的第一个步骤，主要包括三方面的内容：一是寻找新的市场机会；二是评价市场机会；三是实施有效的对策。

1. 寻找新的市场机会

寻找新的市场机会有多种方法，比较实用和规范的方法是“产品—市场扩展方格图”法。这种方法将寻找新的市场机会的活动归纳为以下四个途径。

（1）市场渗透，即考虑在不改变现有产品和现有市场的情况下，通过采取降低价格、增加广告、改进广告内容和形式、改善服务质量、增加销售网点等方式进一步加快市场渗透，扩大现有产品在现有市场上的销售。

（2）市场开发，即为现有产品寻找新的细分市场。如运动器械产品，在满足个人细分市场的基础上，还可以考虑将其扩展到球会、美容店等，或者向国外市场扩展。

（3）产品开发，即企业为现有市场提供新产品或改进产品，满足现有市场新的需求。如企业推出与现有产品的规格、款式和特色不同的新产品等，或推出一个或几个新品牌的产品以吸引具有不同偏好的消费者，或开发与现有产品相关的新产品。

（4）多角化发展。当企业在其所属的行业找不到富有吸引力的市场机会或其他行业的吸引力更大时，企业可以到本行业以外发展，即生产新产品以满足新的市场需求，实现跨行业多角化经营。多角化经营并不意味着毫无选择地利用一切市场机会，而是要结合企业自身的资源优势加以选择，充分发挥企业的资源潜力并分散经营风险。此外，企业在实际工作中，还通常采用偶然的、无计划的方法寻找新的市场机会，它主要依靠企业的营销人员对市场信息的及时把握来发现新的市场机会。如企业的营销人员从报纸、杂志、展销会、产品评比会等发现新的市场机会等。

2. 评价市场机会

市场机会能否成为企业的营销机会，还要看它是否与企业的目标和资源相符。因此，评价市场机会的目的就在于从企业发现的众多市场机会中确定企业的最佳市场营销机会，即既能够发挥企业的竞争优势，又符合企业的营销目标，且具备实现营销目标所必需的资源。评价市场机会的标准是企业的营销目标和企业的资源。

3. 实施有效的对策

在实际工作中，企业可以通过考虑市场机会的潜在吸引力（赢利能力）和成功概率（企业优势）来确定企业的最佳市场营销机会，从而实施有效的对策。

（二）环境威胁

环境威胁是指市场营销环境中因一些不利的发展趋势而形成的挑战。如果不能及时采取行动，那么这种不利趋势将损害企业的市场地位。因此，企业要善于分析环境发展趋势，识别环境中的潜在威胁，正确认识和评估威胁的出现概率及其对企业的影响程度。企业对环境威胁的分析，一般着眼于两个方面：一是分析威胁的潜在严重性，即影响程度；二是分析威胁出现的可能性，即概率。

（三）企业营销对策

用上述市场机会与环境威胁矩阵法分析、评价营销环境，可得出四种不同的结果，即理想业务、冒险业务、成熟业务和困难业务。企业对这四种机会与威胁水平不等的营销业务，应采取不同的对策。

对理想业务：机会难得，转瞬即逝，必须抓住机遇，迅速行动，否则后悔莫及。

对冒险业务：高利润、高风险，既不宜盲目冒进，也不应犹豫不决，错失良机，应全面分析自身的优势和劣势，扬长避短，创造条件，争取突破性的发展。

对成熟业务：机会与威胁水平较低，可作为企业的常规业务，用以维持企业的正常经营。

对困难业务：要么努力改变环境，走出困境或减轻威胁；要么立即转移，摆脱无法扭转的困境。

四、 高尔夫市场营销环境分析

根据企业的优势、劣势，以及对机会和威胁的分析，可以画出SWOT分析图（如下图所示），并据此制定企业所需采取的策略。

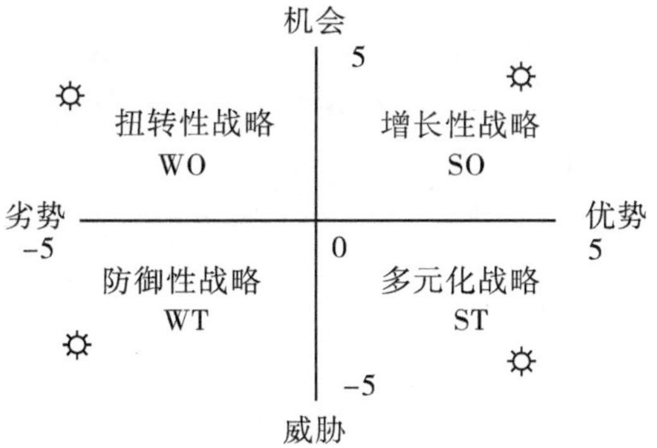

SWOT 分析图可划分为四个象限，描绘企业所处的位置和应采取的战略。SWOT 分析图提供了四种战略选择。

（1）处于右上角的企业拥有强大的内部优势和众多机会，因此应采取增加投资、扩大生产、提高生产占有率的增长性战略（SO 战略）。

（2）处于右下角的企业尽管具有较大的内部优势，但必须面临严峻的外部挑战，因此应利用自身优势，实施多元化战略（ST 战略），开展多元化经营，避免或降低外部威胁的打击，分散风险，寻找新的发展机会。

（3）处于左上角的企业，虽然面临外部机会，但内部缺乏必要条件，因此应采取扭转性战略（WO 战略），以改变企业内部的不利条件。

（4）处于左下角的企业既面临外部威胁，自身条件又存在问题，因此应采取防御性战略（WT 战略），以避开威胁，消除劣势。

模块二

案例分析

自2007年底美国爆发金融海啸以来，无论是受冲击严重的欧美地区，还是受影响相对较小的中国，高尔夫行业作为市场实体的一部分，都未能独善其身。赛事赞助商日益减少或撤离，因客流量不足而关门歇业的球场不断增加，一些知名俱乐部为了维持正常的运营放宽会员招募的条件等，无不展现了高尔夫行业发展所受到的影响。

思考题

目前，中国高尔夫行业所受的冲击逐渐凸显，依靠境外团的海南市场在韩国团锐减的情况下将面临怎样的情况？试用SWOT分析图对海南高尔夫市场进行分析。

模块三

实 训 练 习

【实训目的】

使学生了解如何根据实际情况对营销环境信息进行取舍。

【组织方式】

学生以 6 ~8 人为一组，共同探讨分析，并将结果整理成课题报告。

【实训内容】

根据你所在学校的校园周边环境，讨论在学校门口开哪种类型的店最赚钱。要求在经营范围、营业面积、投资规划、基本的营销策略等方面作出策划。

单元四

高尔夫市场营销调研

学习目标

- 能阐述高尔夫市场营销调研的内容、步骤，并能够组织调研活动
- 能概括高尔夫市场营销调研的具体方法，并能根据实际情况选择使用

模块一

基础知识

在现代市场营销观念下，高尔夫市场营销管理的任务就是在满足消费者需求和欲望的前提下达成企业的利润目标。企业营销管理人员为完成上述任务，需要对高尔夫企业可控制的因素（即产品、定价、分销和促销策略）进行综合分析，以制定有效的市场营销策略，而后者必须建立在收集全面、可靠的市场信息的基础之上。因此，经常开展高尔夫市场营销调研，建立企业的市场营销信息系统，对企业信息资源进行全面、科学的管理，是企业制定市场营销决策的前提与基础。企业必须重视对营销调研的管理和研究。

高尔夫企业若想更好地满足消费者的要求，适应消费者的需要，就必须研究高尔夫市场、预测未来的需求量。这些离不开市场信息的收集，营销调研正是为提供这种服务而产生的。在深入调研、掌握信息的基础上，科学的预测方法将帮助营销管理者认识未来的市场需求，了解市场的发展空间，进而为企业制定合理的营销策略提供依据。

一、 高尔夫市场营销调研的含义和作用

高尔夫市场营销调研是指系统地设计、收集、分析并报告与企业营销有关的数据和研究结果的营销活动。营销调研可以使营销人员了解营销环境，发现机会与问题，并将其作为市场预测和营销决策的依据。

高尔夫市场营销调研的作用主要表现在以下几个方面：

（一）有利于制订科学的营销规划

高尔夫企业只有通过营销调研、分析市场、了解市场，才能根据市场需求及其变化、市场规模和竞争格局、消费者意见与购买行为、营销环境的基本特征等，科学地制订和调整高尔夫企业营销规划。

（二）有利于优化营销组合

高尔夫企业根据营销调研的结果，分析研究高尔夫产品生命周期，制定高尔夫产品生命周期各个阶段的营销策略，制订企业开发新产品的计划；根据消费者对现有产品的态度，改进现有产品，开发新用途，设计新产品；通过测试消费者对产品价格变动的反应，分析竞争者的价格策略，确定合适定价；通过了解消费者的购买习惯，确定合适的销售渠道；掌握消费者的心理变化，改进企业促销方案。

（三）有利于开拓新的市场

通过市场调研，高尔夫企业可以发现消费者尚未满足的需求，了解市场上现有产品满足消费需求的程度，从而不断开拓新市场。

二、 高尔夫市场营销调研的内容

高尔夫市场营销调研的内容主要包括以下几方面：

（一）市场环境信息调研

利用市场环境信息调研，可以及时跟踪最新的政治、经济、社会、文化发展动态，借以寻找企业新的发展机会，同时及早发现可能存在的威胁，做好应变准备。市场环境信息主要包括政治法律、社会经济、社会文化、科学技术、自然地理、社会人口六类营销方面的信息。具体实践中，可根据实际问题，针对其中某一类环境因素进行调研，对于那些影响较小的因素则可以不作考虑。

（二）市场需求调研

某种产品的市场需求是指在特定时期消费者愿意并且有能力购买的产品的数量。市场需求是组成市场的主要部分，也是市场调查的重要内容。因为需求是营销管理的核心，所以市场需求调研是营销调研中最重要的内容。企业只有在确定和捕捉消费者需求之后，才有可能采取适当的营销组合，满足消费者需求，最终实现企业目标。

市场需求调研内容主要包括以下几方面：

（1）市场需求总量的调研。了解市场购买产品的数量以及水平。

（2）市场需求构成的调研。了解消费者对各种产品在数量、质量、品种、式样、价格等方面的要求。

（3）消费者购买动机、购买方式以及购买习惯的调研。它主要包括由谁购买（Who）、购买什么（What）、为何购买（Why）、谁参与销售（Who）、何时购买（When）、何地购买（Where）、怎样购买（How）。使用行为包括消费者使用产品的方式、频率、品牌偏好等。另外，关于消费者生活方式的特点和差异也是营销中比较关注的问题。调研的目的是制定企业的产品、价格、渠道和促销等方面的策略。

（4）消费者对企业营销策略的反馈情况、对企业产品与价格的满意度、对营销服务的要求等情况的调研。其目的是改善企业生产，提高企业营销能力。

（三）竞争状况调研

调研的内容主要包括：企业直接或间接的竞争对手有哪些；竞争对手的所在地和活动范围；竞争对手的生产经营规模和资金状况；竞争对手生产经营商品的品种、数量、价格、服务方式及在消费者中的声誉和形象；竞争对手技术水平和新产品开发经营情况；竞争对手的销售渠道；竞争对手的宣传手段和广告策略；现有竞争程度、范围和方式以及潜在竞争对手状况。这类调研可有助于企业将自身现有条件与竞争对手进行对比，为制定有效的竞争策略提供依据。

（四）营销组合因素调研

（1）产品调研。了解消费者对产品的用途、质量、性能、售后服务等的评价和要求，消费者对研制新产品的要求和对拟推出的新产品的评估，以及产品正处于市场生命周期的阶段等。

（2）价格调研。了解消费者和中间商对现有产品价格的反应，如他们认为适宜的售价是多少、新产品如何定价、老产品如何调整、应采取什么样的价格策略等；了解产品价格的变动对消费者购买量以及满意度的影响。

（3）营销渠道调研。了解目前采用的分销渠道效果如何，是否需要调整；结合企业目前的产品和市场特点，决定是运用直接渠道还是间接渠道，是宽渠道还是窄渠道。

（4）促销调研。促销调研主要是对企业在产品或服务的促销活动中所采用的各种促销方法的有效性进行测试和评价，如广告目标、媒体影响力、广告设计及效果，公共关系的主要方式及效果，企业形象的设计和塑造等。

三、 高尔夫市场营销调研的步骤

高尔夫市场营销调研必须根据人们的认识规律，科学地安排市场调研的步骤。一般而言，高尔夫市场营销调研步骤主要包括明确调研主题、拟订调研计划、收集调研信息、分析调研信息和提交调研报告这五个阶段。

（一）明确调研主题

1. 明确问题

在开展高尔夫市场营销调研任务之初，项目委托者会对营销调研的相关情况进行介绍，但这种介绍并不总是详尽或者确切的。这时高尔夫市场营销调研人员必须搞清楚所要调研的问题，了解调研的目的。

2. 情况分析

这是在明确调研问题的基础上，由高尔夫市场营销调研人员利用自己的知识和经验，根据已经掌握的资料，进行初步分析。通过情况分析，调研人员会对调研的项目框架有大致了解。

3. 初步调研

初步调研也叫非正式调研，是由高尔夫市场营销调研人员与一些和调研问题相关的、熟悉这方面情况的人士进行交谈，以进一步了解情况、积累资料。通过非正式调研，可以及时终止不必要的调研；可以合理地界定调研范围和深度，为第二阶段的调研工作打下良好基础。有些问题如果可以通过非正式调研解决，则可以及时终止下一步复杂的正式调研。

（二）拟订调研计划

调研计划是有关如何深入分析相关问题，达到调研目标的活动安排。企业在开展高尔夫市场营销调研之前，必须对调研项目有一个总体的设计和规划，做好充分准备。调研计划的内容包括：规定收集的资料，明确收集资料的人以及收集的内容和方式等。

（三）收集调研信息

1. 资料来源

营销调研的资料来源，主要分为原始资料与二手资料这两类。

原始资料是指营销调研所需的信息没有被别人收集，或别人已经收集但调研单位无法获取，通常需要调研人员通过现场实地调查直接收集的资料。

二手资料是指经过他人收集、记录、整理所积累的各种数据和资料的总称。二手资料主要来源于企业内部各部门，如档案部门、资料室等；企业外部，如图书馆、档案馆、政府机构、国际组织、新闻出版部门等；行业组织与其他企业等。

2. 调研方法

营销调研收集原始资料的方法主要有询问法、观察法与实验法三大类。

（1）询问法。它是指调研人员将拟定的调研问题通过询问的方式向调研对象获得回馈资料的方法。询问法主要由留置问卷、邮寄问卷、访问、小组讨论、电话询问、网站发布调查问卷等方法组成。询问法调研的主要优点是灵活性强，可以收集不同场合下的各种信息；缺点是需要足够的样本规模与有效的组织策划。如果没有足够的样本规模，收集到的信息就会缺乏代表性；如果组织不好、问卷设计不好或者资料回收率低，就很难收集到有效信息。

（2）观察法。调研人员在收集资料时，在调查现场不直接向被调查者提出问题，而是通过有针对性的观察来收集原始资料，以此来研究被调查对象的心理与行为。这种调查是在被调查者没有觉察的情况下完成的，可用于获取被调查对象不愿意或不能提供的信息。观察法除了人员观察外，还可以由机械来处理，如许多广告效果资料通常用机械记录器来收集。观察法是有目的的直接观察，减少了调查者主观偏见带来的影响，所得资料比较客观和准确，实用性也比较大。但是由于它只能看到事态的现象，不能说明原因，特别是被调查者的感情、动机、态度等无法触及，因此调研人员在使用观察法的时候还要配合使用其他信息收集方法。

（3）实验法。它通常是为了验证某个问题假设，说明事物间的因果关系。它是在给定条件下，通过实验对比，对营销环境与营销活动过程中的某些变量之间的因果关系及其发展变化进行观察分析。实验法多用于调研市场营销策略、销售方法、广告效果以及各种营销因素（如产品设计、价格、包装等）的变动对销售的影响。实验法的缺陷是时间长、费用大；选择实验的市场不一定有代表性；影响市场需求的可变因素很多且不易把握；所得结论不容易互相比较等。

（四）分析调研信息

此阶段主要是调研人员整理、分析所获取的资料，撰写调研报告，提出结论和意见。调研和实验得来的原始数据必须加以分析和鉴别，务求使资料系统化、简单化和表格化，达到准确、适用和完整的目的。调研报告要紧密围绕调研的目的与要求，做到有的放矢。

（五）提交调研报告

调研人员需向营销主管报告与进行决策有关的调查结果。因而，调研报告应力求简明、准确、完整、客观，为科学决策提供依据。调研报告的编写与提交，并不意味着整个调研过程的结束，而是要求继续追踪调研，对原结果进行补充、修正和完善。

模块二

实 训 练 习

实训一

【实训目的】

学习设计调查问卷、撰写营销调研报告的方法。

【组织方式】

分组进行。一些小组确定调研方法、设计调查问卷；一些小组进行问卷的调查工作；一些小组负责最后调查结果的汇总，并撰写调研报告。

【实训内容】

假设要在学校周围开一家青少年高尔夫培训公司，请根据要调查的问题，设计一份调查问卷，并进行调查，撰写一份营销调研报告。

实训二

【实训目的】

学习如何设计有效的调查问卷。

【实训内容】

请代表某公司为青少年高尔夫培训公司设计一份市场调查问卷。

单元五

市场细分和高尔夫目标市场

学习目标

- 能阐明市场细分的标准，进行合理的市场细分
- 能识别影响高尔夫目标市场选择的因素，正确选择高尔夫目标市场
- 能够根据高尔夫企业的实际情况进行市场定位

模块一

基础知识

任何高尔夫企业都没有足够的人力资源和资金满足整个市场的需要或追求过大的目标，只有扬长避短，找到有利于发挥企业现有的人、财、物优势的目标市场，才不至于在庞大的市场上瞎撞乱碰。如何科学、合理地对整体市场进行细分，并在此基础上选定高尔夫企业的特定服务对象（即目标市场），是高尔夫企业制定营销战略的基本出发点。

由于消费心理、购买习惯、收入水平、地理位置等的差异，消费者对同种产品或同类产品的具体消费需求往往不同，甚至相差极大。这决定了任何一个企业都不可能满足所有消费者对某种产品的需求。同时，企业资源、设备、技术等的限制，以及企业对自身效率的考虑，决定企业不可能满足全部消费者的不同需要。因此，一个企业若想在市场竞争中求得生存与发展，必须通过市场调研，将消费者细分为需求不同的若干群体，从而专注于满足某一类或某几类特定消费者的需要，即作出“为谁的需要服务”的经营抉择，这种抉择就是目标市场的选择。

企业为了科学地选定自己的目标市场，首先，必须对市场进行细分，市场细分是企业选择目标市场的基础和前提；其次，在市场细分的基础上，选择自己的目标市场；再次，根据目标市场的实际需求、竞争状况及竞争者的市场定位、企业自身的声誉及资源来确定自己的市场定位战略。

一、 市场细分和高尔夫市场细分

市场细分（Market Segmentation）是在20世纪50年代中期，由美国市场营销学家温德尔·史密斯（Wendell R. Smith）率先提出来的一个概念。它是企业营销思想的新发展，也是企业选择目标市场战略的指导思想，适应了卖方市场向买方市场转变这一新的市场形势，更是企业经营贯彻以消费者为中心的市场营销观念的产物，因而成为市场营销理论的重要组成部分。

（一）市场细分和高尔夫市场细分的概念

市场细分就是企业根据整体市场消费者需求的差异性，以影响消费者需求和欲望的某些因素为依据，区分不同需求消费者群体的过程。每一个消费者群就是一个细分市场，亦称“子市场”。经过市场细分，在同类产品市场上，就某一个细分市场而言，消费者的需求具有较多的共同性，但不同的细分市场之间的需求具有较多的差异性。以消费者对化妆品的需求为例，不同消费者对化妆品有不同的需求，有的需要保湿，有的要求美白，有的强调除皱等。由此，可根据其追求的功能、需满足的要求的不同，将化妆品的消费者划分为若干个需求不同的消费者群体，这样，化妆品市场就被细分为若干个子市场。可见，市场细分不是对产品市场进行划分，而是对消费者进行划分，是识别具有不同要求或需要的购买者或用户群的活动。

高尔夫市场细分是指高尔夫企业经营者通过对其所在地区的辐射地域的市场进行分析，根据消费者不同的需求特征，将高尔夫整体市场划分为若干个消费者群体的过程。

（二）高尔夫市场细分的客观基础

高尔夫市场之所以能够细分，是因为消费需求的差异性、消费需求的相似性、企业资源和营销能力的有限性等。

1. 高尔夫消费需求的差异性

高尔夫市场能够细分成若干个需求不同的市场，主要原因是消费者对同种产品的消费需求存在差异。从需求角度考察，产品市场可以分为两类：同质市场和异质市场。同质市场是指消费者或用户对某种产品的需要、欲望、购买行为大致相同，同时对企业营销策略的反应也具有一致性。在现实生活中，消费者的需求实际上是千差万别的，因此，绝大多数产品市场是异质市场。异质市场是指消费者或用户对某种产品的质量、特性、规格、档次、花色、款式、价格、包装等方面的需要与欲望不相同，或者在购买行为、购买习惯等方面存在差异。这些差异使市场细分成为可能。因此，市场细分也被描述为将一个异质市场划分成若干个同质市场的过程。

2. 高尔夫消费需求的相似性

市场细分并不完全意味着把一个整体市场加以分解。实际上，细分是一个聚集过程而不是一个分解过程。所谓聚集过程，就是把具有相似需求的消费者或用户集合成群，形成类似的消费者群体，从而形成具有一定个性特征、相对独立且比较稳定的某一个细分市场。聚集的过程可以依据多种变量连续进行，直到鉴别出其规模足以实现企业利润目标的某一消费者群体。

3. 高尔夫企业资源和营销能力的有限性

任何企业的资源和营销能力都是有限的，不可能同时满足所有消费者的需求，只能在自身资源和能力所允许的范围内，生产经营某类或某几类产品或服务，以满足某些消费者群体在某些方面的需求。这种资源和能力的有限性，要求企业必须对整体市场进行细分。

（三）高尔夫市场细分的标准

高尔夫市场细分的客观基础是消费需求的差异性，因而，必须以某些影响消费者需求的因素为标准对高尔夫市场进行细分。由于影响消费者市场和影响生产者市场需求的因素不同，因此消费者市场和生产者市场细分的标准有所不同。

1. 高尔夫消费者市场细分的标准

影响消费者需求的因素很多，主要有人口因素、地理因素、心理因素和行为因素四个方面。这四个方面的因素即可作为高尔夫消费者市场细分的标准。

（1）人口因素。

人口因素，即企业按照人口变量（包括年龄、性别、收入、职业和教育程度等）来细分消费者市场。以人口统计变量细分市场较其他变量更容易衡量，因此，该标准的适用范围比较广泛。许多消费者市场都是按这一标准细分的。

①按年龄细分。人们在不同年龄阶段，由于生理情况、性格、爱好等的不同，对同种消费品的需求往往存在很大的差别。因此，按年龄变量可将某种产品的消费者市场细分为许多各具特色的市场，如儿童市场、青少年市场、中年市场和老年市场。

②按性别细分。许多商品在用途上具有明显的性别差异，而且两性在购买行为、动机、角色等方面也存在很大的差别。因此，按性别变量可将某种产品的消费者市场细分为男性市场和女性市场，如服装、化妆品等就可以将性别作为细分依据。

③按收入细分。收入影响着消费者的购买行为和购买习惯。如收入

高的消费者会购买高价产品，且一般喜欢到百货公司和品牌专卖店购买；收入低的消费者一般会购买低价产品，且一般到超市、专业批发市场及普通商店购买。因此，以收入为标准，可将某种产品的消费者市场分为高收入、中等收入和低收入市场等。

④按职业和教育程度细分。从事不同职业的人，收入不同，职业特点也不同，这会引起需求上的差异。教育程度不同的人，在生活方式、文化素养、价值观念等方面都会有所差异，因而会影响他们的购买种类、购买行为和购买习惯。

（2）地理因素。

地理因素主要包括消费者所居住的地区以及这些地区的自然特点，如人口密度、气候、城市规模等。消费者的需求和欲望常常受这些地理因素的影响，因此，企业可以分别利用各种地理变量或其组合来对其产品的消费者市场进行细分。

①按地理位置细分。处于不同地理位置的消费者对企业的产品各有不同的需要和偏好，他们对企业所采取的市场营销战略，对企业的产品价格、分销渠道、广告宣传等市场营销措施也有不同的反应。例如，我国饮食上素来有“南甜北咸，东辣西酸”之说，北方人饮食口味偏重，而南方人口味偏清淡。

②按人口多寡和密度细分。人口多寡和密度意味着该地区是否有足够的消费者，即市场规模的大小以及它所产生的销售额和营销活动代价的大小。按人口多寡和密度这一变量可将消费者市场细分为城市、郊区、乡村（农村）市场等。

③按气候细分。地区气候的不同会影响一系列商品的消费，如东北地区对服装的需求就与华南地区有较大差别，又如滑雪场一般只能在长期下大雪或气温低于零度的地区开办。按气候可将市场细分为热带市场、亚热带市场、寒带市场等。

（3）心理因素。

按心理因素的市场细分是根据消费者所处的社会阶层、生活方式、个性特点等变量将消费者细分成需求不同的群体。

①按社会阶层细分。同一社会阶层的消费者，往往具有类似的行为标准、价值观；而处于不同社会阶层的消费者，其行为标准、价值观等存在较大差异，这使他们对同种产品表现出不同需求。按社会阶层可将消费者市场细分为上层社会、中层社会和下层社会等。

②按生活方式细分。生活方式是人们生活及花费时间和金钱的模

式。根据消费者的不同生活方式可以将消费者市场细分为不同市场。例如，女性服装生产商将市场细分为“纯朴女性”“时髦女郎”“中性化”等，并分别为这些细分市场设计不同款式。

③按个性特点细分。消费者个性的不同会引起消费行为的差异，因而，根据消费者的个性特点可细分出不同的市场。如有些企业通过广告宣传，试图赋予其产品与某些消费者的个性相似的品牌个性，树立品牌形象。20世纪50年代后期，福特汽车的购买者被认为是独立的、感情易冲动的、注意变化的和自信的消费者，雪佛兰汽车的购买者则被认为是保守的、节俭的、计较信誉的、较少男子气概的和避免极端的消费者。这促使不同消费者对这些公司的产品产生兴趣，从而促进销售。

（4）行为因素。

按行为因素细分市场，就是企业按照消费者购买或使用某种产品的时机、消费者所追求的利益、使用者情况、消费者对某种产品的使用率、消费者对品牌的忠诚度、消费者待购阶段和消费者对产品的态度等行为变量来细分消费者市场。许多营销学者认为，行为因素是构建细分市场的最佳起点。在关系营销下，由于地理因素、人口因素和心理因素这三种细分标准是对构成细分市场人群的事后分析，所依赖的是事后描述性变量，而非因果关系变量，因此行为因素的重要地位被进一步凸显。而未来的购买行为是企业和营销人员所关注的焦点。因此，有些营销学者坚信：行为因素是研究市场细分的最行之有效的因素。

①按购买时机细分。按消费者提出需要、购买和使用产品时机的不同，可将消费者划分为不同的群体。例如，旅游公司根据游客的需求时机，将游客细分为不同市场，暑假主要做教师和学生市场，农闲时间做农民市场，春、秋季做政府机关和社会团体市场。

②按追求利益细分。利益细分是建立在因果关系变量而非描述性变量基础上的一种市场细分方法。其基本思路是：消费者往往为了满足不同需要，去购买不同的品牌，因此可以按照消费者追求的不同利益，将消费者划分为不同的群体。如购买汽车，有的追求经济实惠，价格低廉；有的追求耐用、可靠、使用维修的方便；还有的偏向名牌、高价，以显示社会地位和财富等。

③按使用者情况细分。按消费者进入市场的程度，可将消费者市场细分为经常使用者、首次使用者、潜在使用者、曾经使用者、从未使用者等。企业应对各类使用者采用不同的营销方法。

④按使用数量细分。按消费者使用某种产品的数量，可将消费者市

场细分为大量使用者、中等使用者和少量使用者等。大量使用者的数量可能不多，但他们的消费量却在全部消费量中占很大的比重，管理学中的“20/80 原则”在这里得到了充分的体现。

⑤按品牌忠诚度细分。按消费者的品牌忠诚度，可将消费者市场细分为坚定忠诚者、弹性忠诚者、转移忠诚者和随机者等。坚定忠诚者是一贯购买某一品牌产品的消费者，表现出对该品牌产品的忠诚。弹性忠诚者是忠诚于 2～3 种品牌产品的消费者。转移忠诚者是从一种原来喜爱的产品品牌转移到另一种产品品牌的消费者。随机者是对任何品牌的产品都不忠诚的消费者。

⑥按购买的准备阶段细分。按消费者对各种信息的获取及对各种产品的了解程度，可将消费者市场细分为不知某种产品已存在、知道某产品但没有考虑购买、正在考虑购买某产品等。对处于不同购买准备阶段的消费者，企业应采用不同的营销策略，与其进行沟通，说服其购买。

小链接

美国福特汽车公司曾按照购买者年龄来细分汽车市场。该公司的“野马”车原来是专门为那些想买便宜跑车的年轻人设计的，但令人惊讶的是，不仅某些年轻人购买“野马”车，而且许多中、老年人也购买“野马”车，因为他们认为驾驶“野马”车可使他们显得年轻。这时，福特汽车公司的管理者意识到，其“野马”车的目标市场不是年纪小的人，而是心态年轻的人。这说明，选择年龄变量作为唯一的标准来细分市场和选择目标市场不完全可靠。

（资料来源：http：//www. yewuyuan. com/bbs/thread－91194－1－1. html. ）

2. 高尔夫生产者市场细分的标准

许多消费者市场细分的标准，同样适用于对生产者市场的细分。但是，由于生产者市场细分的对象是企业，因此高尔夫生产者市场细分的标准，除了运用前述的消费者市场细分的一些标准外，还需要运用一些新的细分标准。高尔夫生产者市场最常用的细分变量有以下几类。

（1）按最终用户要求细分。

产品的最终用户是生产者市场细分最常用的标准，不同的使用者对产品有不同的需求，如地毯生产厂生产的地毯按最终用户的不同，可分为客车制造市场，建筑业市场，宾馆、饭店市场等。电子元件厂的产品根据最终用户的不同，可分为军工市场、工业市场和商业市场。企业应按照最终用户的不同，制定不同的营销策略，以满足不同用途生产者的需要和提供相应的售前、售中及售后服务。

（2）按用户规模细分。

用户规模是生产者市场细分的重要标准，决定了用户的购买力。大用户数量少，但采购量大；小用户数量多，但采购量不大。用户规模不同，企业营销组合方案也应不同。例如，对于大用户，往往建立直接的业务联系，不经过中间环节；对于小用户，则可通过批发商或零售商组织销售。

（3）按用户地理位置细分。

大多数国家和地区由于自然环境、地理位置、社会环境和历史承继的不同，以及生产的相关性和连续性的不断加深等，其生产力的布局会形成若干个产业区或工业区，如我国的山西煤矿工业区、辽宁冶金工业区、北京的电子工业区和浙江丝绸工业区等。这就决定了生产者市场比消费者市场更为集中。企业按用户的地理位置来细分市场，可选择用户较为集中的地区作为自己的目标市场，这样不仅联系方便，信息反馈及时，而且可以更有效地规划运输路线，节省运力与运费，同时能更加充分地利用销售力量，降低销售成本。企业在运用市场细分标准进行市场细分时必须注意以下问题。

①市场细分的标准和变量随着社会生产力及市场状况的变化而不断变化。收入、城镇规模、购买动机等都是可变的。

②市场细分应针对不同企业采用不同标准，因为各企业的生产技术条件、资源、财力和销售的产品不同，所以采用的标准也应有所区别。

③企业在进行市场细分时，可采用一项标准或变量，即单一变量因素细分，也可将多个变量因素组合成系列变量因素后再作市场细分。当企业选用两种或两种以上的因素进行细分时，应按照一定的顺序，由粗到细依次对市场进行细分，下一阶段的细分在上一阶段选定的子市场中进行。这种方法可使目标市场更加明确、具体，有利于企业更好地制定市场营销策略。

（四）高尔夫市场细分的有效性

高尔夫企业在市场细分时选用的标准越多，相应的子市场也越多，每个子市场的容量就越小；反之则容量越大。事实上，无论是消费者市场，还是生产者市场，并非所有细分出来的市场都是有效的。有效的细分市场应具备以下三个条件。

1. 可测量性

可测量性是指各细分市场的大小及其购买力能够被测量。这样，企业才能决定其相应的生产规模，进行合理定价，建立合适的分销渠道，采取适当的促销方式。

2. 可进入性

可进入性是指企业有能力进入所选定的子市场，并能较好地满足细分市场的要求。这主要表现在两个方面：一是企业能通过一定的媒介将产品信息传递到细分市场；二是企业产品能够经过一定的销售渠道抵达细分市场。细分市场的可进入性，实际上就是企业营销活动的可行性。很明显，不能进入或难以进入的细分市场对企业是没有意义的。

3. 可赢利性

可赢利性是指企业进行市场细分后所选定的子市场的规模足以使企业有利可图。如果细分市场的范围狭窄、发展潜力不大，企业的投资就得不到补偿，预期的利润目标也得不到实现。如果细分市场的需求变化过快，不具有相对的稳定性，则会关系到企业生产结构、产品组合的稳定，增加企业的经营风险，严重影响企业的经济效益。

二、 高尔夫目标市场选择战略

市场细分的目的在于发现市场机会，即从一系列细分市场中，选择出最适合企业经营的市场，确定目标市场。在市场细分的基础上，企业对目标市场的选择和确定是目标市场选择战略研究的内容。

（一）目标市场和高尔夫目标市场的概念

目标市场是指通过市场细分，被企业选定的，准备以相应的产品和服务去满足其现实或潜在需求的一个或几个细分市场。

高尔夫目标市场是高尔夫企业决定要进入的那部分细分市场。

（二）高尔夫目标市场营销战略选择

根据各细分市场的独特性和企业自身的目标，有三种目标市场营销战略可供选择。

1. 无差异性目标市场营销战略

即企业将整个市场作为目标市场，推出一种产品，实施一种营销组合策略，以满足整个市场尽可能多的消费者的某种共同需求。采用该战略的企业，主要是着眼于消费者需求的共性或同质性，忽略消费者需求的差异性，不对市场进行细分，只注重满足大多数消费者的共性需求。

无差异性目标市场营销战略的最大优点在于成本低、经济性好。首先，不对市场进行细分，可以节省营销调研、市场分析等方面的成本；其次，单一的产品，可以取得最大规模的生产带来的成本优势，也可节省产品设计及研发费用；再次，统一的营销组合，可以大大节省销售渠道、促销等方面的费用。

虽然无差异性目标市场营销战略具有显著的优点，但真正能成功实施的企业并不多，因为其缺点是显而易见的。首先，忽视了市场要求的差异性，难以满足消费者的个性化需求；其次，容易导致竞争激烈和市场饱和，企业难以保持持久的规模经济效益。所以这种战略只适用于消费者有共同需要、差异不大的少数商品。例如，美国可口可乐公司在20世纪60年代推出的瓶装饮料，长期采用一种口味、一种包装，连广告词都是“请饮可口可乐”，成功独占世界饮料市场，赚取了巨额利润。但60年代以后，随着饮料市场竞争的加剧，特别是百事可乐和七喜的异军突起，可口可乐公司不得不放弃长期实行的无差异性目标市场营销战略。

2. 差异性目标市场营销战略

即企业在市场细分的基础上，选择多个细分市场作为企业的目标市场，并针对各个细分市场的不同特点，分别设计不同的产品，运用不同的营销组合策略，以满足多个细分市场消费者的不同需求。采用该战略的企业，主要着眼于消费者需求的差异性，体现了以消费者需求为中心的现代营销观念。

与无差异性目标市场营销战略相比，差异性目标市场营销战略的优点在于以下两个方面：第一，可以更好地满足消费者的多样化需求。第二，由于企业在多个细分市场上开展营销，一定程度上可以降低其投资风险和经营风险。

差异性目标市场营销战略的缺点在于以下两个方面：第一，企业生产多种产品，采用多种营销组合，增加了生产成本和营销成本。第二，企业的资源分散在多个领域，导致企业不能集中使用资源，甚至企业内部出现彼此争夺资源的现象，容易失去竞争优势。差异性目标市场营销战略适用于异质市场，且要求企业具有一定的实力。例如，旅行社向市场推出同一路线的三日游、五日游、七日游，适应假期长短不一、支付能力不同、兴趣各异的顾客群。

3. 集中性目标市场营销战略

集中性目标市场营销战略又称为“密集性目标市场营销战略”，是选择一个或几个细分市场，或一个细分市场的一部分作为目标市场，集中企业全部资源为其服务，实行专门化生产和营销。与前两种战略不同，集中性目标市场营销战略不是以整个市场或以多个细分市场作为目标市场，而是通过专业化生产和营销，更好地满足指定目标市场消费者的需求。采取集中性目标市场营销策略的企业不求四处出击，而求重点突破；追求的不是在较大市场上占有较小的市场份额，而是在较小的市场上占有较大的市场份额。

集中性目标市场营销战略的优点在于以下四个方面：第一，营销目标集中，便于企业深入了解市场需求变化，能充分发挥企业优势。第二，营销组合策略的针对性强，可以节约生产成本和营销费用。第三，生产的专业化程度高。第四，能满足个别细分市场的特殊需求，有利于企业产品在该细分市场取得优势地位，提高市场占有率和知名度。

集中性目标市场营销战略的缺点在于以下两个方面：第一，目标市场过于狭小，市场发展潜力不大，企业的长远发展可能受到限制。第二，企业目标市场过于集中，产品过于专业化，一旦市场发生变化，比如强的竞争对手介入、消费者购买力下降或兴趣转移、替代品出现等，会给企业带来极大的威胁。集中性目标市场营销战略适用于生产周期短、需求量波动大的产品，以及资源有限、实力不强的中小企业。

（三）影响目标市场营销战略选择的因素

前述三种目标市场营销战略各有利弊，适用于不同的情况。企业在具体运用时，应综合考虑产品和市场等因素再作决定。

1. 企业能力

企业能力是指企业在研发、生产、技术、分销、促销、管理和资金等方面力量的总和。如果与竞争对手相比，企业能力强，那么可以考虑采用差异性目标市场营销战略或无差异性目标市场营销战略；如果企业能力有限，则宜采用集中性目标市场营销战略。

2. 产品的同质性

产品的同质性，即产品的相似程度。这里所说的产品相似，更多的是从消费者角度而言，也就是说，尽管企业之间生产的产品客观上存在属性和品质上的差异，但消费者并不看重，认为它们在满足功能和情感利益方面没有差异，那么可认为该种产品的同质性高。如水利、煤气、电力、石油等未经加工的初级产品，需求相似，同质性较高，该类产品宜采用无差异性目标市场营销战略。而服装、家电等产品，消费者需求的差异性大，选择性强，同质性较低，可根据企业的资源，采用差异性或集中性目标市场营销战略。

3. 产品所处的生命周期阶段

产品处于投入期，一方面作为新产品，市场竞争不激烈；另一方面，企业致力于满足消费者的基本需求，需求的差异性还没有集中体现，这时企业可以采用无差异性目标市场营销战略。产品处于成长期和成熟期，市场竞争激烈，消费者的需求差异较大，适宜采用差异性或集中性目标市场营销战略。

4. 市场的同质性

如果消费者的需求、偏好比较接近，对市场营销刺激的反应差异不大，可采用无差异性目标市场营销战略；否则，应采用差异性或集中性目标市场营销战略。

5. 竞争者的目标市场营销战略

如果竞争者采取无差异性目标市场营销战略，为了避免直接对抗，企业可以采取差异性或集中性目标市场营销战略；如果竞争者采取差异性目标市场营销战略，为了在竞争中获胜，企业需要采用在更深层次细分基础上的差异性或集中性目标市场营销战略。

三、 高尔夫市场定位

企业选定目标市场后，便应考虑如何为自己的产品在拟进入的目标市场上进行有效定位的问题。定位实际上是企业如何树立自己独特形象的过程，即如何使自己的产品形象与现有竞争者的产品形象相区别。

（一）市场定位的概念

市场定位（Market Positioning）是企业根据竞争者现有产品在目标市场上的地位，针对目标市场对产品某些属性的变化程度，塑造出产品与众不同的鲜明个性或形象，并把这种形象传递给目标市场，使产品能在目标市场上占据强有力的竞争地位。简而言之，市场定位就是为企业产品建立有别于竞争者的形象，即塑造产品形象。从上述定义可以看出，市场定位的主要作用在于确定企业产品或品牌的竞争优势，着重推出与竞争者不同的产品以满足消费者需要，更有效地吸引目标市场的消费者，尤其有利于消费者迅速作出购买决策，重复购买本企业产品。

案例延伸

高尔夫市场定位

高尔夫市场定位在于创造一种差异优势，以便在目标市场上吸引更多的消费者。

一、高尔夫产品的差异化设计：世纪金卡

深圳世纪海景球场远离市区，最开始并没有太多人光顾，会员卡价格不高但销售不畅，直到后来推出“世纪金卡”。一般球场的年卡是折价售出打球次数，消费者打完也就中止了，但世纪金卡不是：当你累计拥有一定数量的金卡之后，将自动获取一张永久会员卡。这有点像买房时的分期付款，但不同的是，消费者可以在任何时候退出，而会员至少拥有一张让自己打球更便宜的“储值卡”。

二、高尔夫球会让利消费者：沙河“都市会籍”

沙河球场地处市中心，交通便利。原始会籍的客流量集中在每年的节假日，平日球场资源空置浪费。为此，很多球场推出“平日会籍”。然而，并非所有人“平日”都有时间。而都市会籍的不同在于，每一张都市会籍送 12 天假日会员资格。于是，沙河球场的都市会籍一推出，第一天就卖了 80 张，净收 1 000 万元。

三、合理利用球会资源：FGT旅游会籍

FGT旅游会籍实际上是把国外“分时会籍”的概念与国内实际相结合。因为旅游度假型球场远离市区，所以销售常规会籍通常无人问津。而分时会籍的概念就是联合若干家球场，要求每家球场每年提供一段时间，如10天、30天等，给予分时会籍持有者享有该球会的会员资格。这样，几万元的分时会籍便可以让消费者在若干个球场几乎每天都享有会员资格。消费者方便了，球场资源也被充分利用了。

（二）高尔夫市场定位的影响因素

高尔夫市场定位基于消费者心理的差异化。那么，差异化源于何处，有哪些方面的差异有助于牢牢抓住消费者的心呢？为此，必须探寻差异化的途径。根据菲利普·科特勒的分析，企业可以从产品、服务、渠道、员工及形象五个方面体现差异化。

1. 产品差异化（Product Differentiation）

指在产品实体方面能让消费者感到差别。具体包括：

（1）特征。它是指对产品基本功能赋予新的特征以区别于其他竞争对手。

（2）性能质量。它是产品首要特征的运行水平。一般而言，消费者在购买价格昂贵的产品时，都要比较不同品牌的产品的性能质量。产品性能好，且价格未高出预期时，消费者一般都愿意选择该产品。

（3）一致性。它是指产品的设计和运行特点与预期的符合程度。若消费者购买的产品实际功能或技术指标与企业的承诺相符合，这种产品的一致性就高。

（4）耐用性。它是指产品的预期使用寿命。一般而言，消费者愿意为耐用的产品支付高价，但这一点也会受某些限制。例如，时尚产品或技术更新快的产品，消费者不会为其耐用性付出较高的代价。

（5）可靠性。它是衡量产品在一定时期内故障发生与否的指标。消费者通常愿意为质量稳定可靠的产品支付高价，他们希望以此避免因故障发生而形成的高维护费用。

（6）可维修性。它是指当产品失灵或无法工作时，易于修理。

（7）式样。它是产品给予消费者的视觉效果和感觉。有时候产品的性能尽管不是很好，但由于其独特的外形，依然有消费者愿为其支付高价。

（8）设计。它是一种整合力量。从严格意义上讲，以上七个方面都与设计相关。随着竞争的加剧，设计将成为企业实施产品差异化的有效武器。特别是在耐用消费品、服装业及零售业、商品包装工业等领域，设计尤为重要。

2. 服务差异化（Service Differentiation）

指高尔夫企业向目标市场提供与竞争者不同的优异服务。在难以突出有形产品的差别时，竞争成功的关键是服务的数量与质量。衡量服务水平的指标有以下六个。

（1）交货。它是指如何将产品和服务送到消费者手中，包括送货的速度、准确性和对产品的保护程度等。

（2）安装。它是指将产品安放在指定位置上，使之正常运转。

（3）消费者培训。它是指对购买产品的用户进行培训，让他们能正确、有效地使用所购产品，包括培训的方式、地点、时间及连续性等。

（4）咨询服务。它是指企业向购买者提供资料、给予指导等，包括咨询的范围、咨询服务的方式、咨询费用等。

（5）维修服务。它是指企业向产品购买者提供的修理项目。

（6）其他服务。例如，担保、会员球会等。

3. 渠道差异化（Channel Differentiation）

渠道差异化可以从渠道的模式、渠道成员的能力及渠道管理政策等方面体现。戴尔公司独树一帜的定制直销模式成为它早年在计算机市场上获得成功的重要因素。

4. 员工差异化（Personnel Differentiation）

指通过聘用和培训比竞争者更为优秀的员工以获得竞争优势。员工差异化的特征主要表现在六个方面：

（1）称职，指员工应具备的技能和知识。

（2）礼貌，指员工对消费者的态度友好，充满敬意。

（3）诚实，指员工值得信赖或信任。

（4）可靠，指员工能自始至终准确地提供服务。

（5）敏捷，指员工能对消费者的需要和有关问题迅速作出反应。

（6）沟通，指员工能尽力去理解消费者，准确地与消费者交流。

在有形产品的差别很难突出的服务行业，如旅游业、金融业、运输业等，员工差异化尤其值得采用。

5. 形象差异化（Image Differentiation）

形象差异化可以通过一些标志、媒体、气氛、事件等来表现。

（1）标志。它是指易于识别企业或品牌的一个或多个标志，可以是图案，也可以是文字、色彩等。就色彩来说，百事可乐的蓝色能够让消费者在众多的同类产品中轻易地识别。

（2）媒体。它是指可以传递形象的各种有效载体，如宣传手册、大众传媒、公司的函件、员工的名片等。

（3）气氛。它是指在生产或运送产品或服务的有形空间内营造形象和宣传气氛。例如，房地产公司通过公司建筑物营造企业形象。

（4）事件。它是指通过赞助各类活动来塑造企业形象。例如，奔驰通过赞助高尔夫赛事获得了较好的社会效益，提升了品牌形象，实现了形象差异化。

（三）高尔夫市场定位战略

高尔夫企业在具体探讨市场定位战略时，大致有五种方式可供选择。

1. 第一定位策略

争当高尔夫所在区域的第一是一种定位策略。在各行业、区域中，往往有些公认的、处于第一位的企业。这些企业名气大、信誉好，很多时候仅凭品牌就能吸引消费者，其他竞争对手难以动摇其地位。做“第一”能给消费者留下深刻的印象，如观澜湖高尔夫俱乐部，拥有唯一汇聚六大洲（除南极洲外）球场风格的十个世界锦标级球场，2005 年 5 月被吉尼斯世界纪录组织认证为第一大高尔夫球会。

2. 比附定位

比附定位就是通过攀附名牌、比拟名牌来给自己的产品定位，借名牌之光而使自己的品牌生辉。比附定位的主要方法有三种：

（1）甘居“第二”。明确承认同类产品中另有更负盛名的品牌，自己不过是第二而已。这种战略会使人对企业产生一种谦虚诚恳的印象，相信企业所说的内容真实可靠，这自然促使消费者能记住这个通常不容易为人重视和熟记的序位。

（2）“攀龙附凤”。其切入点如上述，首先是承认同类产品中已有卓越成就的品牌，而自身的品牌虽然有地方略不如它，但在某些地区或某一方面还可与这些更受消费者欢迎和信赖的品牌并驾齐驱。

（3）推行“高级球会策略”。企业如果不能取得第一名，或攀附第二名，便退而采用此策略，借助群体的声望，树立入会条件严格的球会式的高级团体品牌，强调自己是其中一员，从而提高自己的地位、形象。如宣称自己是某某行业的三大公司之一、50 强大公司之一、10 家驰名商标之一等。

3. 属性定位

属性定位是指根据特定的产品属性来定位。

4. 市场空档定位

市场空档定位是指企业寻找市场上尚无人重视或者未被竞争对手控制的位置，使企业推出的产品能适应潜在目标市场需求的战略。

5. 重新定位

重新定位也称二次定位或再次定位。高尔夫企业在定位目标市场后，经过一段时间的经营，发现消费者需求发生变化，或者原有定位与消费者心目中的需求不符等情况，因而及时重塑其产品特色，以改变目标市场消费者对原有市场定位的认识和印象。重新定位主要是使企业能够与竞争者拉开市场距离，更具特色，进而达到吸引消费者的目的。因此，当高尔夫企业建立起一种理想的定位后，必须通过持久的业绩和不断的沟通加以维持，必须密切监控并随时间的推移修正这一定位，以适应目标市场需求和竞争者战略的变化，避免过急的转变。正确的做法是，企业的市场定位随着市场营销环境的变化而调整。

模块二

案例分析

案例一

海南高尔夫市场的困境

2008年经济“冬天”的到来，使海南的高尔夫市场迎来了更为寒冷的“冬天”。除亚龙湾、红峡谷等个别品牌球场外，大多数球场“门可罗雀”，“冬眠”成了海南高尔夫2009年的关键词。然而，抛开经济环境的诸多不利，回顾海南高尔夫近年的发展历程，本质的弊端与不足才是现在困境的根源。

海南高尔夫市场一直都是典型的外贸型旅游市场，消费人群过于单一，韩国市场约占70%以上的市场份额。几十个球场争夺同一市场的现实，带来了渠道上的混乱以及价格的恶性竞争和品质的下降，由此导致韩国消费者从2007年开始陆续脱离海南高尔夫市场。而海南高尔夫市场一直缺乏对品牌的投入，没有一个能够在国内和国际上有广泛知名度与美誉度的球场品牌。渠道开发与管理上的混乱也进一步造成市场的萎缩，渠道商对海南高尔夫市场的信心逐渐丧失。各中介的不同价格体系，破坏了整个市场的价格利润空间，打压了中介操作市场的积极性，从而抑制了旅游团队市场的发展，导致整体消费市场日益低迷。

思考题

（1）海南高尔夫市场是如何定位的？

（2）根据材料，海南高尔夫市场营销组合出现了哪些问题、应如何解决？

案例二

“跨界营销”之汽车与高尔夫球

作为豪华车的代表之一，奔驰品牌与高尔夫运动的结缘可以追溯到20世纪80年代。1987年，奔驰赞助了德国首个具有世界影响力的职业高尔夫赛事——德国名人高尔夫赛，并于1990年冠名该赛事，这就是著名的梅赛德斯—奔驰锦标赛的前身。自1989年开始，每年9月在德国斯图加特，一场专属于奔驰车主们的高尔夫聚会都会如约举行。梅赛德斯—奔驰杯高尔夫球赛是奔驰专为车主打造的具有国际专业水准的业余高尔夫比赛，至今已在全球成功举办了20年，每年都有来自世界50多个国家和地区的5万余名车主参与，现在已发展成为世界奔驰车主期待的年度盛事。2003年，这一赛事正式进入中国，中国赛区每年将有3名选手代表中国的奔驰车主参加世界杯决赛。

奔驰公司宣称：作为一项高雅、极具品位和富有挑战性的运动，高尔夫体现了梅赛德斯—奔驰所倡导的生活态度与生活方式。在与高尔夫运动结缘的20余年中，不仅奔驰品牌中高贵、优雅、动感、进取的品牌基因得到进一步传承，奔驰用户尊贵、积极进取和充满活力的形象也更加鲜明。

（资料来源：http：//auto. sina. com. cn/news/2009 - 11 - 11/1648538384_2. shtml.）

模块三

实 训 练 习

【实训目的】

了解怎样才是有效的市场定位。

【组织方式】

分组进行。每组 6 ~ 8 人，以小组为单位，分别列举高尔夫市场上现有的球具品牌，分析其市场定位，并比较其定位战略，最后将其整理成书面材料。

【实训内容】

目前市场上各种品牌的高尔夫球具，其定位多种多样，哪些品牌的定位较科学、准确？哪些品牌的定位不确切或不准确？

单元六

高尔夫产品策略

学习目标

- 能阐明产品和高尔夫产品的整体概念
- 能描述并运用高尔夫产品组合及其优化策略
- 能描述高尔夫产品生命周期理论，应用各阶段的营销策略

模块一

基础知识

产品是市场营销组合中最重要、最基本的因素，产品策略是市场营销4P组合［产品决策（Product）、定价决策（Price）、渠道决策（Place）、促销决策（Promotion）］的核心，是定价策略、分销策略和促销策略的基础。从社会经济发展历程看，产品的交换是社会分工的必要前提，企业生产与社会需要的统一是通过产品来实现的，企业与市场的关系也主要是通过产品或服务来联系的；就企业内部而言，产品是企业生产活动的中心。因此，产品策略是企业市场营销活动的支柱和基石。高尔夫产品也是高尔夫市场营销组合的核心。

一、 高尔夫产品的整体概念

产品是指能够提供给市场，用于满足人们某种欲望和需要的任何事物，包括实物、服务、场所、组织、思想、主意等。产品整体概念包含核心产品、有形产品和附加产品三个层次。高尔夫产品是指高尔夫市场上销售的物质产品和服务产品的总和。

（一）核心产品

核心产品是产品整体概念中最主要的部分，也是消费者购买某种产品时所追求的效用，更是消费者真正要购买的服务。如洗衣机的核心效用体现在它能让消费者方便、省力、省时地清洗衣物。高尔夫核心产品是指高尔夫企业为客人解决打球等基本需求问题。

（二）有形产品

有形产品是核心产品的载体，具有质量、功能、款式、品牌、包装五个方面的特征。劳务产品或服务产品的有形产品，表现为服务质量及服务水平的高低。高尔夫有形产品是指高尔夫企业的某些表现形态，如建筑、设施特色等。

（三）附加产品

附加产品是产品的各种附加服务和利益的总和，包括运送、安装、调试、维修、产品保证、零配件供应、技术人员培训等。高尔夫附加产品是指附加服务、交通、安全、环境等。

二、高尔夫产品组合策略

高尔夫产品组合是指某一高尔夫企业所生产或销售的全部产品大类和产品项目。其中，产品大类又称产品线，是指许多产品项目的集合。这些产品项目之所以能组成一条产品线，是因为它们具有功能相似、用户相同、分销渠道统一、消费上相连等特点。产品项目是指产品大类中各种不同品种、规格、质量的特定产品，企业产品目录中列出的每一个具体的品种就是一个产品项目。具体的产品组合就是企业生产经营的全部产品线、产品项目的组合方式，即产品组合的宽度、长度、深度和关联度。其中产品组合的宽度指企业生产经营的产品线的数量；产品组合的长度指企业所有产品线中产品项目的总和；产品组合的深度指产品线中每一种产品的品种数量；产品的关联度是各产品线在最终用途、生产条件、分销渠道和其他方面相互关联的程度。根据产品组合的四种尺度，企业可以采用以下三种产品组合策略：

（一）扩大产品组合

扩大产品组合包括拓展产品组合的宽度和加强产品组合的深度。拓展产品组合的宽度是指在原产品组合中增加一个或几个产品大类，扩大产品经营范围；加强产品组合的深度是指在原有产品大类中增加新的产品项目。

（二）缩减产品组合

缩减产品组合是指废除那些得不偿失的产品大类或产品项目，使产品组合缩减，以集中力量经营获利大的产品线和产品项目，提高经济效益。

（三）产品延伸

产品延伸是指全部或部分地改变公司原有产品的市场定位，主要做法有向下延伸、向上延伸和双向延伸三种。向下延伸是指企业以高档品牌推出中低档产品，扩大市场占有率。向上延伸是指企业从中低档品牌的产品向高档产品延伸，进入高档产品市场。双向延伸是指原定位于中档产品市场的企业在掌握市场优势以后，同时向产品大类的上游、下游方向延伸，一方面增加高档产品，另一方面增加低档产品、扩大市场。

三、 高尔夫产品生命周期

高尔夫产品生命周期，简称 PLC，是指产品从进入市场到退出市场所经历的整个市场生命循环。和人的生命一样，产品在市场上也需要经历导入、成长、成熟、衰退的过程。

（一）导入期

导入期是指产品从设计投产到投入市场进入测试的阶段。在这一阶段，产品品种少，消费者对产品还不了解，除少数追求新奇的消费者外，几乎无人真正购买该产品。生产者为了扩大销路，不得不投入大量的促销费用，对产品进行宣传推广。该阶段由于生产技术方面的限制，产品生产批量小，制造成本高，广告费用和产品销售价格偏高，销售量极为有限，企业通常不能获利，反而可能亏损。在导入期，主要有以下四种市场营销策略：

1. 快速撇脂策略

快速撇脂策略是指以高价格和高促销水平的方式推出新产品。采用高价格，使得每单位销售尽可能获取更多的毛利；同时配合大量的宣传促销活动，加快市场渗透率，把新产品推入市场，希望在竞争还没有大量出现之前能收回成本，获得利润。采用快速撇脂策略，一般要求符合以下市场环境：具有相当大的潜在市场需求量；潜在市场的消费者愿意并有能力购买；企业面临着潜在的竞争对手，需要快速地建立良好的品牌形象。

2. 缓慢撇脂策略

缓慢撇脂策略是指以高价格和低促销水平的方式推出新产品。采用高价格，从每单位销售中获得尽可能多的毛利；推行低水平促销，可以减少销售成本，获取大量利润。采用缓慢撇脂策略，一般要求符合以下市场环境：市场相对固定、明确；潜在消费者已经知晓或熟悉这类产品，且愿意高价购买；潜在的竞争并不迫在眉睫。

3. 快速渗透策略

快速渗透策略是指以低价格和高促销水平的方式推出新产品。这一策略可以使商品迅速进入市场，有效地限制竞争对手的出现，给企业带来最快速的市场渗透和最高的市场份额，适应性很广。采用快速渗透策略，一般要求符合以下市场环境：具有很大的市场容量；消费者对产品不知晓或不了解；消费者对产品价格敏感；潜在的竞争比较激烈；随着生产规模的扩大和制造经验的积累，企业的单位制造成本会下降。

4. 缓慢渗透策略

缓慢渗透策略是指以低价格和低促销水平的方式推出新产品。采用低价格，有助于市场快速接受商品；低促销又能使企业减少费用开支，降低成本，以弥补低价格造成的低利润。采用缓慢渗透策略，一般要求符合以下市场环境：具有很大的市场容量；潜在消费者对产品已经知晓或熟悉；消费者对产品价格敏感；存在潜在的竞争。

（二）成长期

成长期是指产品试销效果良好，消费者逐渐接受该产品，使产品在市场上站稳脚并且打开了销路。在这一阶段，需求量和销售额迅速上升，生产成本大幅度下降，利润迅速增长。由于大规模的生产和利润的吸引，竞争者纷纷进入市场参与竞争，使同类产品供给量增加，价格随之下降，企业利润增长速度逐步减慢，最后达到生命周期利润的最高点。在成长期，主要有以下几种适用的策略：

（1）改进产品质量，增加产品特色和式样，增加侧翼产品。

（2）进一步细分市场，积极开拓新的市场，创造新的用户。

（3）增加新的分销渠道，扩大分销覆盖面。

（4）改变企业的促销重点，如从产品知觉广告转向产品偏好广告。

（5）降低价格，吸引对价格敏感的消费者，增加竞争力。

（三）成熟期

成熟期是指产品进入大批量生产，并稳定地进入市场销售，随着购买人数的增多，市场需求趋于饱和，产品在市场上处于竞争最激烈的阶段。在这一阶段，产品普及并日趋标准化，成本低且产量大，销售增长速度缓慢直至转而下降。竞争的加剧导致同类产品生产企业之间不得不在产品质量、花色、规格、包装、服务等方面加大投入，在一定程度上增加了成本。成熟期的持续期一般长于前两个阶段，因此，大多数产品都处于生命周期的成熟阶段，大部分的营销管理部门处理的正是这些成熟产品。在成熟期，主要有以下几种适用的策略。

1. 调整市场

企业通过努力开发新市场来保持和扩大自己的产品市场份额。具体策略有：转变非用户为用户；进入新的细分市场；提高产品使用频率；增加产品使用量；开辟产品新用途；争取竞争者的顾客。

2. 调整产品

企业通过改良产品特征来提高销售量。具体策略有：质量改进、特色改进、式样改进。

3. 调整营销组合策略

企业通过调整营销组合中的某个因素或者多个因素来刺激销售。具体策略有：降低价格、扩展销售渠道、改变广告方式、采用各种促销方式。

（四）衰退期

衰退期是指产品逐渐老化，进入淘汰阶段。随着科技的发展以及消费习惯的改变等，产品的销售量和利润持续下降，销售量可能会下降到零，也可能在一个低水平上持续多年。当销售量和利润衰退时，一些成本较高的企业会因为无利可图而陆续停止生产，该类产品的生命周期也就陆续结束，最后完全撤出市场。留下来的企业可能会减少产品供应量，从较小的细分市场和较弱的贸易渠道中退出。在衰退期，主要有以下几种适用的策略。

1. 维持策略

企业在目标市场、价格、销售渠道、促销等方面维持现状。由于这一阶段很多企业会现行退出市场，因此，一些有条件的企业不一定会减少销售量和利润。

2. 收缩策略

企业仍然留在原来的目标市场上继续经营，但可以减少目标市场和分销渠道，或降低促销水平和促销费用，以增加该阶段的利润。

3. 放弃策略

企业决定放弃经营某种产品，撤出该目标市场。

模块二

案 例 分 析

最新太阳能高尔夫球车开始试用

据 WinkNews 消息，近日，佛罗里达州 Citrus 高尔夫球俱乐部开始试用一种太阳能高尔夫球车。这些高尔夫球车是与年初 Gulf City Solar 公司安装的薄膜太阳能组件和电力供应系统配套使用的，这些组件产生的电力足够供应太阳能高尔夫球车日间操作使用。

太阳能高尔夫球车在球场轨道上运行时，可以随时随地充电，Gulf City Solar 公司的新产品可以减缓电池老化，增加 1 倍的电池寿命。通常，太阳能玻璃面板重达 60 磅，而目前 Gulf City Solar 公司采用的薄膜面板，重量只有 9 磅。

佛罗里达州的其他俱乐部也进行了太阳能高尔夫球车测试，它们对这款产品很是满意，尤其当它们知道这些球车只需一个月充一次电即可进行正常工作时。

Pelican Nest 高尔夫俱乐部的经理 David Gillespie 表示：白天，俱乐部的高尔夫球车暴露在太阳下。三个月的试用期里，这些太阳能高尔夫球车各方面的性能都很好，期间只充了几次电。

在俱乐部“良好”测试结果的基础上，Gulf City Solar 公司提供为期 4 年的电池质保，保证其在正常的工作条件下，充电间隔在一周以上。

技术工程师 Heckenstaller 表示：太阳能技术目前已发展得相当成熟，运用在高尔夫球车上完全可行。目前，该公司正在研制一款高尔夫球车，充一次电就可以跑 60 英里。

Gulf City Solar 公司的执行副总裁 Holzmann 表示：这些高性能的高

尔夫球车均为双速率，可在15英里/小时和25英里/小时两个挡位切换，这极大地方便了高尔夫球场的管理。

（资料来源：http：//www. china - nengyuan. com/tech/21408. html. ）

模块三

实 训 练 习

实训一

【实训目的】

熟悉产品的整体概念、产品市场生命周期、产品组合、品牌与包装等策略的原理和应用。

【组织方式】

学生以 4 ~8 人为一组，组成研究性学习小组，并确定负责人。教师选择 2 ~3 个类型的产品作为研究样本，让各小组进行产品策略相关分析。

【实训内容】

1. 如何表达该产品的产品整体概念
2. 该产品所处生命周期及其采取的相应产品策略
3. 该产品有何进一步开发的机会
4. 该产品的品牌能否延伸，包装可否进一步调整

实训二

【实训目的】

掌握产品品牌策略，了解各品牌策略在现实中的运用情况。

【组织方式】

教师指定 3 ~5 个高尔夫企业，学生以小组为单位，通过在网络、图书馆、市场上调查各企业拥有的品牌，分析怎样进行高尔夫新产品的开发。

【实训内容】

1. 高尔夫企业在各产品大类下拥有的品牌

2. 高尔夫企业各品牌定位和目标市场的差异性

单元七

高尔夫定价策略

学习目标

- 能够分析影响高尔夫定价的因素，了解高尔夫产品定价的目标
- 能运用具体的高尔夫定价方法
- 能够运用各种定价策略对高尔夫产品价格进行调整

模块一

基础知识

定价策略是一个比较近代的观念，在多数情况下，价格作为消费者选择商品的主要决定因素之一，也是决定公司市场份额和赢利率的重要因素。

价格因素对于高尔夫企业营销来说，表现得十分敏感而又难以控制，它直接关系市场对产品的接受程度，影响着市场需求和企业的效益。因此，定价策略在营销组合策略中是一个相当重要的组成部分。

一、 影响高尔夫产品定价的因素

（一）高尔夫产品定价目标

根据不同时期、不同目标市场和市场定位战略，高尔夫企业会制定不同的定价目标，进而影响产品具体定价。

具体高尔夫产品定价目标可设为：维持生存，确保当期利润最大化；确保市场占有率最大化；能够应用价格变动策略，了解消费者、竞争者及企业自身对价格变动的反应；产品质量最优化等。

企业应权衡各个目标的利弊，作出选择，确定具体的定价目标。

1. 当期利润最大化

有些高尔夫企业希望制定一个能使当期利润最大化的价格。它们估计需求和成本，并据此选择一种价格，使之能产生最大的当期利润、现金流量或投资报酬率。

假定企业对其产品的需求函数和成本函数有充分了解，则借助需求函数和成本函数便可制定确保当期利润最大化的价格。

2. 市场占有率最大化

有些高尔夫企业希望通过定价来取得控制市场的地位，使市场占有率最大化。因为，企业确信赢得最高的市场占有率之后将享有最低的成本和最高的长期利润，所以，企业制定尽可能低的价格，以追求市场占有率的领先地位。

3. 高尔夫产品质量最优化

高尔夫企业可以考虑在市场上将产品质量领先作为目标，并在生产和市场营销过程中始终贯彻产品质量最优化的指导思想。这就要求用高价格来弥补高质量和研究开发的高成本。

（二）高尔夫产品成本

产品成本是所有产品价格构成中最基本、最重要的因素，也是企业定价的最低经济界限。因此，高尔夫企业的产品成本与其价格有着直接关系，成为高尔夫企业定价考虑的主要因素。

（三）高尔夫市场需求

高尔夫产品价格除受成本影响外，还受市场需求的影响。产品的最低价格取决于其成本费用，高尔夫产品的最高价格取决于其市场需求。

（四）高尔夫产品竞争者的价格

根据产品成本和市场需求分别确定最低价格及最高价格后，高尔夫企业可以根据竞争者同种产品的价格水平进一步确定产品价格。

二、 高尔夫产品定价方法

高尔夫产品价格的制定需要全面考虑成本、市场需求和竞争者价格等因素，但在实际定价过程中往往只侧重于某方面的因素。因此，在制定基础价格时，根据这三个因素，定价方法可分为成本导向定价法、需求导向定价法和竞争导向定价法。

（一）成本导向定价法

成本导向定价法是高尔夫企业最常用、最基本的定价方法，是一种主要以成本为依据的定价方法。具体包括成本加成定价法、目标利润定价法和边际成本定价法等。

（二）需求导向定价法

按照市场营销观念要求，高尔夫企业必须以消费者需求为中心，在产品定价方面不能只考虑产品成本，因此可以运用需求导向定价法。

需求导向定价法是一种以市场需求强度和消费者感受为主要依据的定价方法，具体包括感受价值定价法、需求差异定价法、反向定价法等。

（三）竞争导向定价法

竞争导向定价法是一种主要以竞争者的价格水平为依据的定价方法，具体包括随行就市定价法、投标定价法等。

三、 高尔夫定价策略

高尔夫产品的基础价格根据成本、需求和竞争确定，但是在高尔夫市场营销的实际操作中，企业还需要灵活运用各种定价策略，以调整和修正产品的基础价格。

（一）折扣定价策略

折扣定价策略是指对产品的基本价格作出一定的让步，直接或间接降低价格，以争取消费者，扩大销量。

1. 数量折扣

数量折扣是指高尔夫企业根据购买者的购买数量来决定价格折扣程度，即按照购买数量的多少分别给予不同的折扣，购买数量越多，折扣越大。目的是鼓励大量购买，或集中向某企业购买。

2. 现金折扣

现金折扣是指高尔夫企业对在规定时间内提前付款或用现金付款者给予的一种价格折扣。目的是鼓励消费者尽早付款，加速资金周转，降低销售费用，减少财务风险。

3. 季节折扣

季节折扣是指对常年生产但属于季节性消费的产品，高尔夫企业给予在消费淡季购买此产品的消费者一定的优惠，使企业的生产和销售在一年四季能保持相对稳定。

（二）心理定价策略

高尔夫企业在定价时可以根据消费者不同的心理因素，有意识地给产品制定不同的价格，以满足消费者生理和心理的、物质和精神的多方面需求，通过消费者对企业产品的偏爱或忠诚，扩大市场销售，获取最大效益。

1. 声望定价

声望定价是根据产品在消费者心中的声望、信任度和社会地位来确定价格的一种定价策略。质量不易鉴定的产品比较适合采用声望定价。崇尚名牌的消费者，往往通过价格判断质量，认为高价格等于高质量。声望定价满足了部分消费者炫耀身份、显示地位的心理。

2. 尾数定价

尾数定价是指利用消费者对数字认知的心理，价格保持零头，给消费者产生价格低廉的感觉。

尾数定价主要适用于一些价格较低的日用品和副食品，这类产品需求量比较大、购买频率比较高，因此消费者对价格比较敏感。例如，标价 9. 96 元的商品和 10. 06 元的商品，虽然仅差 0. 1 元，但前者给消费者的感觉是还不到“10 元”，而后者却是“10 多元”，因此前者可以使消费者认为商品价格低、便宜，更易于接受。带有尾数的价格会使消费者认为企业定价是非常认真、精确的，连零头都算得清清楚楚，进而对产品产生一种信任感。

由于民族习惯、社会风俗、文化传统和价值观念的影响，某些数字常常会被赋予一些独特的含义。例如，“8”字作为价格尾数在我国粤港澳地区比较流行，因为人们认为“8”即“发”，有“吉祥如意”的意思，因此高尔夫企业经常采用。又如“4”在一些地区被人们视为不吉利，高尔夫企业便在定价时有意识地避开，以免引起消费者对企业产品的反感。

3. 招徕定价

招徕定价是指将某几种商品的价格定得非常高，或者非常低，以引起消费者的好奇心理和观望行为，从而带动其他商品的销售。这一定价策略经常用于高尔夫用品专卖店的商品销售等。

（三）差别定价策略

根据需求特性的不同，差别定价策略通常有以下两种形式：

1. 顾客（消费者）差别定价策略

顾客（消费者）差别定价策略是指针对不同的消费者，对同一产品制定不同的价格。例如，对老客户和新客户、长期客户和短期客户、女性和男性、儿童和成人、身体有缺陷的人和健康的人等，分别制定不同的价格。

2. 时间差别定价策略

时间差别定价策略是指同一种产品，成本相同，而价格随季节、日期甚至钟点而变化。例如，高尔夫产品在季节需求上有所变化，其价格也因此有差别。

（四）新产品定价策略

1. 撇脂定价

撇脂定价是指新产品上市之初，将价格定得较高，希望在短时间内获取厚利，尽快收回成本，就像从牛奶中撇取所含的奶油一样，取其精华。

2. 渗透定价

渗透定价是指高尔夫企业在上市之初将产品价格设为最低价，以便迅速和深层地进入市场，从而快速吸引大量购买者，赢得较大的市场份额。当新产品没有显著特色、竞争激烈或需求弹性较大时宜采用此方法。

3. 满意定价

满意定价是指介于撇脂定价和渗透定价之间的一种定价方法，即新产品采取适中的价格进入市场。

（五）高尔夫产品组合定价策略

高尔夫产品组合定价策略是一种处理高尔夫企业各种产品之间价格关系的策略，指根据不同组合产品之间的关系和市场表现而进行的灵活定价策略。常用的产品组合定价策略有以下四种形式：

1. 产品大类定价

产品大类定价是指根据购买者对同一产品大类不同档次产品的需求，精选、设计几种不同档次的产品和价格。

2. 任选产品定价

任选产品定价是指高尔夫企业在提供主要产品的同时，还提供任选品或附件与之搭配。

3. 附属产品定价

附属产品定价是指以较低价格销售主产品，吸引消费者，同时以较高价格销售备选和附属产品来增加利润。

4. 捆绑定价

捆绑定价是指将几种高尔夫产品组合在一起，以低于分别销售时支付总额的价格销售。例如，高尔夫夏令营就是将高尔夫培训、高尔夫技术、高尔夫旅游捆绑在一起销售。

模块二

案例分析

昆明牧场高尔夫俱乐部

2009年6月，云南省首家定位为公众球场的高尔夫俱乐部——昆明牧场高尔夫俱乐部试运营。俱乐部的定价为：果岭费平日为300元，周六、周日为400元；周二为畅打日，果岭费为450元。

昆明牧场高尔夫俱乐部位于昆明市东北部，距昆明市中心30多千米，与在建昆明新机场（即昆明长水国际机场，2012年6月已投入运营）的直线距离为8千米，交通便捷，地理位置优越。目前已建成一个标准18洞球场，球道依丘陵地势而建，绵延起伏，铺设在天然牧草中。球场视野开阔，可望数十千米之外的景色。牧草和球道的设计是典型的林克斯风格，尽显大自然野性之美。球场硕大的草坑构成天然障碍，挑战每一位选手的心理承受能力，更考验卓越的球技。充满策略的沙坑、富于变化的果岭，使球场平添挑战性和魅力，激发球手了解、战胜球场的信心和乐趣。

昆明牧场高尔夫俱乐部内部共有两个18洞球场，目前已开放一个，另一个18洞拟明年开建，为会员球场。

云南省的高端高尔夫球场实在太多了，如果一味往高端方向走，反而会让云南省的高尔夫竞争更加激烈，往公众方向走不失为一条路子。

（资料来源：http：//sports. sina. com. cn/golf/2010 - 12 - 07/09475354524. shtml.）

模块三

实 训 练 习

实训一

【实训目的】

了解影响高尔夫产品定价的因素，掌握具体的定价方法以及定价策略。

【组织方式】

学生以 4 ~8 人为一组，组成研究性学习小组，并确定负责人。教师指定某一高尔夫产品，各小组分别对该产品的定价策略进行调查，形成报告。

【实训内容】

1．掌握影响高尔夫产品价格的具体因素

2．高尔夫产品依据的定价方法

3．采用哪些定价策略可对高尔夫产品价格进行进一步微调

4．对竞争者产品的价格进行调查和比较

实训二

【实训目的】

掌握并能运用心理定价策略中的声望定价、尾数定价和招徕定价策略。

【组织方式】

学生以小组为单位，利用课余时间，对教师指定的高尔夫俱乐部、高尔夫用品专卖店的产品价格进行调查，分别找出声望定价、尾数定价和招徕定价的实例，并加以讨论。

【实训内容】

1. 找出利用声望定价策略的高尔夫产品，说明采用该策略的原因

2. 找出利用尾数定价策略的高尔夫产品，说明采用该策略的原因

3. 找出利用招徕定价策略的高尔夫产品，说明采用该策略的原因

4. 对采用以上三种心理定价策略的高尔夫产品进行归类，找出异同

单元八

高尔夫分销策略

学习目标

- 能够描述高尔夫分销渠道的含义
- 能识别高尔夫分销渠道的层次、宽度，并能根据具体情况作设计
- 能分析影响高尔夫分销渠道选择的因素，设计合理的分销渠道
- 能描述高尔夫市场的主要销售类型及其特点

模块一

基 础 知 识

高尔夫分销策略是整个高尔夫市场营销组合策略的重要组成部分，对降低企业成本和提高企业竞争力具有重要意义。

分销策略与产品策略、定价策略、促销策略一样，也是高尔夫企业成功将产品推向市场、扩大销售、实现经营目标的重要手段。

高尔夫企业生产出来的产品只有通过一定的市场营销渠道，才能在适当的时间和地点，以适当的价格销售给消费者，满足市场需求，实现企业的市场营销目标。

一、 高尔夫分销渠道

高尔夫分销渠道是指高尔夫产品和服务从生产者向消费者移动时取得这种高尔夫产品和服务的所有权或帮助转移其所有权的所有企业及个人。

分销渠道的起点是高尔夫企业，终点是消费者，中间环节包括参与商品交易活动的中间商、代理商和经纪人等。

分销渠道的主要作用是对高尔夫产品从高尔夫企业转移到消费者的过程中所必须完成的工作加以组织，目的在于消除产品或服务与使用者相分离的矛盾。

因此，分销渠道的作用具体包括以下几个方面：

（1）研究，即对高尔夫企业制订计划和交换所必需的信息进行研究。

（2）促销，即进行关于高尔夫企业所供应产品的说服性沟通。

（3）接洽，即高尔夫企业寻找可能的购买者并与之沟通。

（4）配合，即高尔夫企业使其供应的产品符合购买者需要，包括分类、分等、装配、包装等。

(5）谈判，即高尔夫企业为了转移所供产品的所有权，就产品价格及有关条件与使用者达成最后协议。

(6）物流，即高尔夫企业组织产品的运输、储存。

(7）融资，即高尔夫企业为补偿渠道工作的成本费用而对资金的取得与支出。

(8）风险承担，即高尔夫企业承担与渠道工作相关的全部风险。

按照不同的标准，分销渠道可以划分为若干类型。高尔夫企业管理者必须了解分销渠道的各种类型，以便合理选择分销渠道。

二、 高尔夫分销渠道的层次

按照商品从高尔夫企业转移到最终消费者的过程中经过的流通环节的多少，可分为以下四个层次：

(1）零级渠道。指由高尔夫企业直接到消费者。

(2）一级渠道。指由高尔夫企业通过零售商到消费者。

(3）二级渠道。指“高尔夫企业—批发商—零售商—消费者”，或者是“高尔夫企业—代理商—零售商—消费者”，多见于消费品分销。

(4）三级渠道。指“高尔夫企业—代理商—批发商—零售商—消费者”。

三、 高尔夫分销渠道的宽度

（一）密集式分销

密集式分销是指高尔夫企业同时选择较多的经销代理商销售产品。一般而言，日用品多采用这种分销形式。

高尔夫产品中的小工具、标准件等也可用此分销形式。

（二）选择性分销

选择性分销是指在同一目标市场上，高尔夫企业选择一个以上的中间商销售高尔夫产品，而不是选择所有愿意经销本企业产品的中间商。

一般来说，高尔夫消费品中的选购品和特殊品以及工业品中的零配件宜采用此分销形式。

（三）独家分销

独家分销是指高尔夫企业在某一目标市场，在一定时间内，只选择一个中间商销售本企业的产品，双方签订合同，规定中间商不得经营竞争者的产品，制造商则只对选定的经销商供货。

一般来说，此分销形式适用于高尔夫产品中的模拟高尔夫击球装备等，有利于制造商与经销商的双方协作，也便于更好地控制市场。

四、 影响高尔夫分销渠道选择的因素

高尔夫企业在分销渠道选择中，分析影响分销渠道选择的因素是其进行分销渠道设计的前提。

影响分销渠道选择的因素主要有以下几种：

（一）高尔夫产品因素

1. 价格

一般来说，高尔夫产品单价越高，越应注意减少流通环节，否则会造成销售价格的提高，从而影响销路，这对高尔夫企业和消费者都不利。而单价较低、市场较广的高尔夫产品，则通常采用多环节的间接销售渠道。

例如，在中国高尔夫用品用具市场上，卡拉威价格很高，其定价适合高收入人群，因此流通环节要适当减少。

2. 性质

由于高尔夫产品和服务具有无形性、不可储存性和位置的不可转移性等特征，高尔夫企业在销售时面临许多困难，因此应该尽量使用不同的销售渠道来销售本企业的产品和服务。

3. 新产品

为尽快把新产品投入市场，扩大销路，高尔夫企业一般很重视组织自己的营销团队，甚至会直接与消费者见面，推荐新产品，并收集消费者的意见。如果能取得中间商的良好合作，也可考虑采用间接销售形式。

（二）高尔夫市场因素

1. 客户数量

客户数量，尤其是潜在的客户数量决定着市场的大小。善于挖掘市场是开拓市场的基础和重要前提。市场越大，越需要批发商、代理商或中间商提供服务。

就世界范围来说，高尔夫市场的客户相对较少，而且比较分散，可通过采用代理商形式的服务来获得较好的效益。

就某一地区来说，高尔夫市场的客户少则可采用直销的方式，以获得好的结果。

目前我们能见到的高尔夫市场代理商主要是来自国际知名品牌，如机械、肥料、球具等方面的品牌，而且，在我国，高尔夫产品主要采取与国际市场一致的代理和部分直销的方式。

2. 消费者的消费动机

消费者的消费动机主要包括消费者的经济承受能力、高尔夫场地类型、服务要求等，如9洞以上和18洞以上的消费者，其消费动机不一样；又如，消费者在城市俱乐部与偏僻的乡村俱乐部购买的高尔夫产品，其价格不同。

国际、国内的高尔夫俱乐部现在基本都朝半私人或商业俱乐部的方向发展，这些俱乐部往往带有星级酒店，各种休闲设施齐全，服务种类丰富，质量相对较高，可以吸引除高尔夫爱好者外的其他客人前来消费，消费群或种类被放大。这是它们充分考虑各类消费群的经济承受能力的结果。

每个消费者的消费动机不同，因此，高尔夫企业应该根据消费者的动机进行销售渠道决策。

3. 竞争商品

高尔夫消费市场相对较小，大多是竞争商品，所以在组织市场销售时要考虑竞争商品的特点，确定适宜的销售渠道。

例如，就打球市场而言，位于深圳市内的三家球场——特发、沙河和名商俱乐部，它们对争取客源的销售方法和态度不同。特发早期走的是会员制路线，因此在打球市场上不会与外界发生竞争；沙河虽然是会员制俱乐部，但实际上是半私人俱乐部，会对访客开放。名商由于星级低，会员总数少于沙河和特发，因此，为了生存，它更为开放，也更为商业化。

（三）高尔夫企业本身的因素

1. 资金能力

高尔夫企业若本身资金雄厚，则可以自由选择销售渠道，建立自己的销售网点，采用产销合一的经营方式或选择间接销售渠道。财力薄弱的高尔夫企业需要中间商提供各种销售服务。例如，中国观澜湖高尔夫俱乐部因举办高尔夫世界杯而闻名于世，世界各地的访客源源不断地造访、消费。

2. 管理能力

高尔夫企业若管理能力强，市场经验丰富，则销售的中间环节可以减少。生产企业提供的售后服务越多，销售渠道就越畅通。过去，由于高尔夫产业刚在中国兴起，既缺乏经验和中国国内市场，又缺乏资金和人才，因此会籍销售的其中一种方法就是让利中间商，由中间商进行代理销售。

3. 服务水平

中间商通常希望高尔夫企业能尽可能地提供广告、展览、培训等服务项目，为其销售产品创造条件。若高尔夫企业无意或无力满足这方面的要求，则难以达成协议，这将迫使高尔夫企业自行销售。反之，若高尔夫企业提供的服务水平高，则中间商乐于销售其产品，此时高尔夫企业便可选择间接销售渠道。

（四）经济收益

经济收益的大小也是影响销售渠道选择的一个重要因素。对经济收益的分析，主要考虑销售费用等，并进行价格分析。

1. 销售费用

销售费用是指产品在销售过程中发生的费用，包括包装费、运输费、广告宣传费、陈列展览费、销售机构经费、代销网点和代销人员手续费、产品售后服务支出等。

一般情况下，减少流通环节可降低销售费用，但减少哪些流通环节需要综合考虑，争取做到既节约销售费用，又有利于高尔夫产品的销售。

2. 价格分析

高尔夫企业在价格相同的条件下，会进行产品经济效益的比较。目前，很多高尔夫企业都以同一价格将产品销售给中间商或是最终消费者。

若直接销售量等于或小于间接销售量，由于高尔夫企业直接销售时需多占用资金，因此会增加销售费用，而间接销售的经济收益高，对高尔夫企业有利；若直接销售量大于间接销售量，而且所增加的销售利润大于所增加的销售费用，则选择直接销售有利。

当价格不同时，高尔夫企业主要考虑销售量的影响：若销售量相等，直接销售多采用零售价格，因此价格高，支付的销售费用也多；间接销售则价格低，支付的销售费用少。

五、 高尔夫分销渠道设计

高尔夫分销渠道设计是指为了实现高尔夫企业的营销目标而对各种备选的渠道结构进行深入的评估和选择，进而开发全新的分销渠道或对现有的分销渠道进行改进。

（一）确定高尔夫分销渠道目标

高尔夫分销渠道设计需要达到以下三个方面的目标：市场覆盖率、渠道控制度以及渠道灵活性。

1. 市场覆盖率

市场覆盖率是由市场性质与企业的市场定位决定的。根据覆盖密度，市场覆盖率可以分为独家分销、选择分销和密集分销三种类别。

2. 渠道控制度

渠道控制度是指高尔夫企业需要保持对中间商销售行为进行控制的程度。为了实现经营目标，高尔夫企业需要经常控制中间商以促使其更加努力地销售产品或提高服务质量。事实上，市场覆盖率与渠道控制度，在大多数情况下是一种反比关系。因此，高尔夫企业在大多数情况下只能在一定的市场覆盖率下追求最大的渠道控制度，或在一定的渠道控制度下追求最大的市场覆盖率。

3. 渠道灵活性

渠道灵活性又称渠道的可伸缩性，是指高尔夫企业营销渠道结构变化的难易程度。渠道灵活性对新产品市场尤为重要。

（二）设计备选渠道方案

在确定分销渠道目标之后，高尔夫企业就可以展开备选渠道方案的设计。在分析市场因素、产品因素、企业因素以及中间商因素等之后，需要确定并设计分销渠道的以下四个变量：中间商的基本类型；每一分销层次所使用的中间商数量；各中间商的特定市场营销任务；生产者与中间商的交易条件以及相互责任。

（三）评估并选择渠道方案

高尔夫企业在对各备选渠道方案进行评估并比较后，需要确定一个最佳的渠道设计方案。评估的标准有经济性、控制性和适应性三种。

经济性是最为重要的标准，既要考虑该方案能带来的最大利润，还要考虑采用这一方案所需花费的成本。

使用中间商会增加控制上的问题，因此，在确定渠道方案时，控制性也是一个必须考虑的标准。

适应性是评估高尔夫产品生产商是否具有适应环境变化的能力。

六、 高尔夫市场的主要销售类型

高尔夫企业有选择地确定一部分代理商、批发商和零售商作为自身的经营者，这对企业的发展起着重要的作用。商业信誉度高，资金雄厚，有较好的高尔夫市场经营经验的代理商，对高尔夫企业的销售意义更大。

（一）俱乐部直销

俱乐部直销的方式包括高尔夫俱乐部本身人员的推销、会所销售、高尔夫竞技、博览会推介、网络、广告和杂志等。

人员推销和会所销售属于近距离销售，销售的范围较窄，销售对象主要集中于打球市场的会员和俱乐部周围的其他潜在进入者。这种直销短期效果较好，但资源有限，竞争激烈，从长远看，只是俱乐部销售的一种过渡形式。

高尔夫竞技是重要的产品推介市场之一，很多商家每年投入大量的人力、物力、财力进行现场推广。

博览会推介、网络、广告和杂志等既属于广告销售，也属于俱乐部直销范畴，特点是辐射面广、影响力大，现代网络技术的发展更是让高尔夫企业在世界范围内实现高效直销，减少了成本。

（二）高尔夫代理商

高尔夫代理商是指受高尔夫企业雇佣、替高尔夫企业进行销售宣传并接受客人预订的渠道成员。它是活跃于高尔夫市场的一个重要商业媒介，通过高尔夫代理商的策划和运营可以将高尔夫产品成功销售出去。

国际上的高尔夫主要客源国内都设有高尔夫企业销售代理机构，它们是独立的经营组织，主要业务是同时为世界各地的高尔夫企业进行某一地区的销售工作。它们掌握这一地区的市场情况，熟悉那里的重要客户和中间商，因而能有效地推动该地区销售工作的发展。高尔夫企业在重要的目标市场区聘请合适的销售代理机构，往往比在当地设立办公室更有效，也更经济。

在高尔夫市场中，凡是高尔夫商品都可以代理，目前常见的高尔夫产品包括会籍、养护产品、球具用品、服装鞋帽等。

高尔夫企业在高尔夫代理商的帮助下，疏通了销售渠道，获得了客源，因此需要向它们支付一定的佣金。在每次推销中支付的佣金通常占销售额的15%，也有些高尔夫企业支付给代理商的佣金要少于销售额的15%。

（三）高尔夫专卖店

当今市场上存在两种形式的高尔夫专卖店：俱乐部经营的专卖店和非俱乐部经营的专卖店。

高尔夫专卖店经营的方式很灵活，较大和发展较快的俱乐部基本做到代理、批零和组织直销一体化，如苏格兰 St. Andrews 高尔夫俱乐部经营着占地较广的专卖店，专门销售高尔夫球具、服饰等。

模块二

实训练习

【实训目的】

掌握并能够设计高尔夫分销渠道的层次和宽度。

【组织方式】

学生以4~8人为一组，组成研究性学习小组，并确定负责人；然后通过网络或实地调查的方式了解某个或某几个高尔夫企业的分销渠道。

【实训内容】

1. 找出采用密集式分销的高尔夫产品，分析其分销渠道的层次
2. 找出采用选择性分销的高尔夫产品，分析其分销渠道的层次
3. 找出采用独家分销的高尔夫产品，分析其分销渠道的层次

单元九

高尔夫促销策略

学习目标

● 能解释高尔夫促销和促销组合

● 能够运用各种广告策略，并能选择合理的广告媒体

● 能灵活应用人员推销策略，培养推销人员应有的素质，掌握推销技巧

● 能够概括营业推广的实施步骤，运用营业推广的各种方式

● 能说出公共关系的实施步骤，运用公共关系的各种方法

模块一

基础知识

高尔夫企业在提供令消费者满意的产品、制定适当的价格、选择合适的分销渠道之后，还需要采取适当的方式进行促销。高尔夫促销策略是市场营销组合策略中不容忽视的环节，选择正确的促销策略并合理运用，能够增强企业的市场竞争力，获取更大的经济效益。

一、 高尔夫促销和促销组合

促销是指企业通过人员和非人员的方式，沟通企业与消费者之间的信息，引发、刺激消费者的兴趣，使其产生购买行为的活动。高尔夫促销是指高尔夫企业通过各种方式向消费者传递信息，实现与消费者的有效沟通，进而刺激消费者的欲望和兴趣，引发其购买行为的综合性策略活动；核心是沟通信息。高尔夫企业将合适的产品在适当地点、以适当的价格出售的信息传递到目标市场一般通过两种方式：①人员推销，推销员面对面地向消费者推销；②非人员推销，通过大众传播媒介在同一时间向大量消费者传递信息，包括广告、营业推广和公共关系等方式。这两种方式各有利弊，相互补充。此外，目录、通告、赠品、店标、陈列、示范、展销等也属于促销策略范围。

好的促销策略，往往能起到多方面作用，如提供信息，及时引导采购；激发购买欲望，扩大产品需求；突出产品特点，建立产品形象；维持市场份额，巩固市场地位等。

高尔夫促销组合是高尔夫企业根据产品的特点和营销目标，综合各种影响因素，对促销方式进行选择、编配和运用，主要包括广告策略、人员推销策略、营业推广策略和公共关系策略。高尔夫促销组合体现了现代市场营销理论的核心思想，是一种系统化的整体策略，以上四种基本促销方式构成了这一整体策略的四个子系统。每个子系统都包括了一些可变因素，即具体的促销手段或工具。某一因素的改变意味着组合关系的变化，也意味着一种新的促销策略的诞生。

二、 高尔夫广告策略

广告，从字面上理解是“广而告之”，英文原意为“注意”“诱导”。广告是指由法人、公民和其他经济组织以公开支付费用的方法，为推销商品、服务或观念，通过各种媒介和形式向公众发布有关信息。高尔夫广告策略是指广告策划者在高尔夫广告信息传播过程中，为实现广告战略目标所采取的对策和应用的方法、手段。

（一）高尔夫广告的作用

（1）从市场层面看，广告是传播市场商品信息的主要工具。

（2）从企业层面看，广告是高尔夫企业竞争的有力武器。

（3）从消费层面看，广告可以引导、刺激消费，甚至创造需求。

（4）高尔夫广告还起着美化环境、教育人们的作用。

（二）高尔夫广告媒体的选择

1. 报纸广告

报纸作为一种印刷媒介，是以刊登新闻为主、定期面向公众发行的出版物。报纸广告的优势有：传播面广；传播迅速；具有新闻性，阅读率较高；文字表现力强；便于保存和查找；费用较低。局限性在于：时效性短；传播信息容易被忽略；理解能力受限；色泽较差，缺乏动感。

2. 杂志广告

杂志作为一种印刷媒介，是定期成册连续出版的印刷品。杂志广告的优势有：内容专业性较强，针对性强；印刷精美，表现力强。局限性在于：出版周期较报纸长，不利于快速传播；理解能力受限。

3. 广播广告

广播广告是指以无线电或有线广播为媒体播送、传导的广告。优势有：传播面广；传播迅速；制作费用低。局限性在于：只有听觉刺激，信息的储存性差，难以记录和查询；被动接受，选择性差。

4. 电视广告

电视广告是指以电视为媒体传播、放映的广告，虽然起步较晚，但发展迅速。优势有：形声兼备，传达效果好；纪实性强，有现场感；传播迅速，影响面大；多种功能，娱乐性强。局限性在于：信息储存性差，难以记录和查询；制作成本较高。

5. 网络广告

网络广告是新兴的广告媒体形式，具有与传统大众媒介和其他电子媒体不同的传播特征。优势有：范围广泛；超越时空；高度开放；双向互动；个性化；多媒体，超文本；低成本。局限性在于：网民对网络广告的反感增加；广告位置有限；广告受众情况难以调查统计。

6. 户外广告

户外广告与经济和社会生活密切相关，间接代表着国家经济发展与社会文明的水平。常见形式有：路牌广告、电动或电子户外广告、灯箱广告、车身广告、海报与招贴、运动场地广告、墙体广告等。随着科技的飞速发展和现代人思维方式的拓展，户外广告在表现形式上有许多突破。

7. POP 广告

POP 是 Point of Purchasing 的缩写。POP 广告是指在商品进行销售和购买活动的场所所作的广告，分为室内和室外两种。室内 POP 广告指商店内部的各种广告，如柜台广告、货架陈列广告、模特儿广告、圆柱广告、空中旋转的广告、室内电子广告等；室外 POP 广告指售货场所门前和周围的 POP，包括门面装饰、商店招牌、橱窗布置、商品陈列、传单广告、活人广告、霓虹灯等。

三、 高尔夫人员推销策略

人员推销是人类较传统的促销方式，指企业派出推销人员与中间商、消费者或潜在的消费者进行直接的宣传介绍活动，使中间商或消费者产生购买行为，促进和扩大销售。高尔夫人员推销是指高尔夫企业通过派出推销人员，与一个或数个可能成为购买者的人交谈，推销产品。

（一）高尔夫推销人员的工作任务

①探寻市场。推销人员应寻求机会，发现潜在消费者，创造需求。②传递信息。推销人员要及时向消费者传递产品信息，为其提供购买决策的参考资料。③销售产品。④收集情报。推销人员在推销过程中要收集情报、反馈信息。⑤开展售前、售中、售后服务。

（二）高尔夫推销人员的工作步骤

一般来说，推销员推销商品包括寻找消费者、消费者资格审查、接近准备、约见、面谈等步骤。

（1）寻找消费者。包括地毯式访问法、连锁介绍法、中心开花法、个人观察法、广告开拓法、市场咨询法、资料查阅法等。

（2）消费者资格审查。在对消费者进行资格审查时，着眼点若不一样，结果便不同，对公司营销策略的影响也不一样。

（3）接近准备。接近方法包括产品接近法、利益接近法、问题接近法及馈赠接近法等。

（4）约见。指推销人员事先征得消费者同意并见面的行动过程。

（5）面谈。这是整个推销过程的关键环节，可以排除消费者购买异议，如需求异议、财力异议、权力异议、产品异议及价格异议等。

小链接

在每位消费者的背后，大约有250个与他关系比较亲近的人：同事、邻居、亲戚、朋友等。若推销员在年初的一周里见到50个人，其中只要有2个人对他的态度不满意，到了年底，由于连锁影响，就可能有500个人不愿与这位推销员打交道。这就是乔·吉拉德的“250定律”。

（资料来源：http：//baike. baidu. com/item/250定律.）

（三）人员推销的策略

1. 试探性策略

试探性策略亦称刺激—反应策略。这种策略是在不了解客户需要的情况下，事先准备好要说的话，对客户进行试探，同时密切注意对方的反应，然后根据反应进行说明或宣传。

2. 针对性策略

针对性策略亦称配合—成交策略。这种策略的特点，是事先基本了解客户某些方面的需要，有针对性地进行“说服”，当讲到“点子”上引起客户共鸣时，就有可能促成交易。

3. 诱导性策略

诱导性策略亦称诱发—满足策略，是一种创造性推销，即先设法引起客户需要，再说明所推销的服务、产品能较好地满足其需要。这要求推销人员有较高的推销技术，让顾客在“不知不觉”中成交。

案例延伸

湖州温泉高尔夫俱乐部

金秋时节天高气爽，秋风阵阵，正是打球的黄金季节，为答谢广大球友对湖州温泉高尔夫俱乐部的支持，俱乐部决定十月继续开放优惠促销价格，具体如下：

10 月促销价：平日 260 元/18 洞；假日 380 元/18 洞。（以上非前台价格，请提前预约；费用含果岭费、设施费、球童费）

四、 高尔夫营业推广策略

营业推广又称销售促进，是指不同于人员推销、广告和公共关系的销售活动，旨在激发消费者购买行为，提高经销商的效率，如陈列、展出表演，以及许多非常规、非经常性的销售尝试。

（一）营业推广的实施步骤

高尔夫企业在进行营业推广时，必须经过确定目标、选择工具、制订方案、方案试验、实施和控制方案、评价结果六个步骤。

1. 确定目标

确定目标是指明确推广的对象、想要达到的目的。只有知道推广的对象，才能有针对性地制订方案。

2. 选择工具

选择合适的推广工具是取得推广效果的关键。因此，高尔夫企业要根据目标对象的接受习惯和产品特点、目标市场状况等，选择工具。

3．制订方案

营业推广方案包括五项内容：诱因、参加者的条件、营业推广措施的分配途径、营业推广时间及营业推广的总预算。

4．方案试验

方案制订以后，应通过试验确认选用的工具是否适当、诱因规模是否最佳，以及实施的途径效率如何。若合适，则可正式实施。

5．实施和控制方案

营业推广方案的实施是指企业制订实施方案的计划，以及按照计划完成既定任务。营业推广方案的控制，主要是控制方案实施的各个环节，并及时调整实施过程中出现的各种问题，以保证实现预期效果。

6．评价结果

评估结果可为今后的市场营销活动提供依据，对市场营销战略的实施有重要意义。最普遍的方法是比较推广前、推广中和推广后的销售。

（二）营业推广的方式

针对消费者的营业推广方式主要有以下六种。

1．赠送

赠送是指向消费者赠送样品或试用装。赠送样品是介绍新产品最有效的方法，可以挨户赠送，也可在商店或闹市区散发，或在其他商品中附送，还可以公开广告赠送，但是费用相对较高。

2．优惠券

优惠券是指给持有人一个证明，证明其在购买某种商品时可以免付一定金额的钱。一般来说，优惠券必须提供15% ~20%的价格减让。

3．奖励

奖励是指可以凭奖励券买一种低价出售的商品；或凭券免费，以示鼓励；或凭券买某种商品时，可获得一定优惠。抽奖也属此类。

4．交易印花

交易印花是指消费者购买某种商品时，企业根据其购买额送予一定数量的印花。当消费者手中的印花累计到一定数量时，可以到指定地点换取现金或实物。这种方法可以吸引消费者长期购买本企业产品。

5．现场演示

现场演示是指企业派促销员将自己的产品在销售现场进行使用示范

表演，把产品的特点、用途和使用方法介绍给消费者。

6. 联合促销

联合促销是指两个或两个以上的品牌或企业在优惠券、付现金折款和竞赛中进行合作，以扩大它们的影响力。针对中间商的营业推广方式主要有以下五种：

（1）批发回扣，指企业为争取批发商或零售商多购进自己的产品，在某一时期内给经销本企业产品的批发商或零售商加大回扣比例。

（2）推广津贴，指企业为促使中间商购进本企业产品并协助推销，可以支付中间商一定的推广津贴。

（3）销售竞赛，指根据各中间商销售本企业产品的实绩，给予不同奖励，如现金奖、实物奖、免费旅游、度假奖等，以起到激励作用。

（4）代销，指企业的任何商品都可以代销。就新产品、进行市场渗透的产品、滞销的产品而言，开展代销业务对企业的利益最大。

（5）业务会议，指每年在销售旺季来临前，举行多方参加的购销业务会议，在短期内集中订货，促成大量交易。针对推销人员的营业推广方式主要有以下两种：①销售竞赛，在推销人员中举行销售竞赛，对推销产品有功的人员或销售额领先的推销员给予奖励，用以鼓励推销员，调动推销员的积极性。②免费给推销员提供培训和技术指导。

五、 高尔夫公共关系策略

高尔夫公共关系指高尔夫企业为改善与社会公众的关系，促进公众对企业的认识、理解及支持，达到树立良好企业形象、促进商品销售等目的的一系列促销活动。作为促销组合的一部分，高尔夫公共关系策略指通过评估社会公众的态度，确认与公众利益相符的个人或企业的政策和程序，拟订并执行各种行动方案，争取社会公众的理解和接受。

（一）高尔夫公共关系策略的实施步骤

1. 调查研究

高尔夫企业通过调研，一方面了解实施政策后有关公众的意见和反映，并将其反馈给高层管理者，促使企业决策有的放矢；另一方面，将企业领导者意图及企业决策传递给公众，使公众加强对企业的认识。

2. 确定目标

高尔夫企业公关目标是促使公众了解企业，改变对企业的态度。具体地说，公关目标是企业通过传播信息，转变公众态度并唤起其需求。

3．交流信息

交流信息是指高尔夫企业通过大众传播媒体及交流的方式传播信息。可见，公关过程就是信息交流的过程。

4．评估公共关系结果

评价的指标可以包括以下三点：

（1）曝光频率。衡量公共关系效果最简易的方法是计算企业在媒体上的曝光次数。企业同时希望报上有字、广播有声、电视有影。

（2）反响。分析由公共关系活动而引起的公众对产品的知名度、理解、态度方面的变化，调查这些变动前后的变化水平。

（3）如统计方便，销售额和利润是令人满意的一种衡量方法。

（二）高尔夫公共关系的主要方法

1．媒体宣传

媒体宣传是指通过报纸、杂志、广播和电视等传播工具，以通讯、报道、新闻、特写、专写、专访等形式，向社会传播企业的有关信息，以形成有利的社会舆论，提高并推广企业形象或产品形象。因此，高尔夫企业应该努力制造新闻点，争取新闻媒介的主动报道，吸引公众注意，达到促销目的。

2．咨询调研

高尔夫企业通过设立资讯台、咨询热线电话以及公共场所的免费咨询服务等来了解公众对企业生产、经营、产品质量、价格、销售等的建议和意见，并及时把改进情况告诉公众，保持企业与公众的良好沟通。

3．专题活动

高尔夫企业通过举办新闻发布会、展销会、看样订货会、博览会等各种社会活动，向公众市场推介企业的产品，介绍相关知识，以此获得公众的了解和支持，提高他们对企业产品的兴趣和信心。如企业遇到较重大事件或纪念日，就要策划组织新闻发布会、新产品发布会、成立若干周年纪念日、各种庆祝会等，并邀请新闻记者来采访，把企业的重大消息传播到社会各界。

4．赞助活动

作为社会中的一员，高尔夫企业有义务在正常的范围内支持社会的各项公益活动，如节日庆典、基金捐款、救灾赈灾、支持社会福利事业等。这些活动往往万众瞩目，各种新闻媒介会进行宣传报道，有利于树立企业为社会服务的形象。

5. 事件营销

高尔夫企业可以通过策划、组织和利用一些能够提升企业知名度及美誉度的事件，引起媒体、社会团体和消费者的兴趣与关注，树立良好品牌形象，最终促成产品或服务销售目的。

6. 编写案例

高尔夫企业可以将自身成功的营销案例或先进的营销观念写成文字，发表于报刊、网络等，也可以与高校合作，将案例编入教材，以提高企业和产品的品牌形象。

7. 危机公关

高尔夫企业处于变幻莫测的商业环境中，时刻面临着不可预知的风险。如果能够进行有效的危机公关，那么这些危机事件非但不会危害企业，反而会带来意想不到的广告效果。一般来说，企业面临的危机主要是社会危机和自身危机。当社会发生重大危机时，企业可以通过公益活动来树立良好的社会形象。当企业自身面临危机时，必须及时采取一系列自救行动，以消除影响，恢复形象。此时，企业应采取诚实的态度面对媒体和公众，让公众知道真实的情况。只有这样，才能挽回信誉，将损失降至最低，甚至化被动为主动，借势造势，进一步宣传和塑造企业形象，将有害的“危”转化为营销的“机”。

8. 内部公关

高尔夫企业可以通过宣传橱窗、刊物、广播电台、各种展览/联谊活动、公司领导接待专线电话、统一的服饰徽章、公司的标志图案、公司内部的升旗仪式等形式展开内部公关活动，以增强员工凝聚力。

模块二

实 训 练 习

实训一

【实训目的】

掌握各广告媒体的优势和局限性，正确选择广告媒体。

【组织方式】

学生以 4 ~8 人为一组，组成研究性学习小组，每组分别选择一种广告媒体。选定后，各组收集该媒体承载的具体产品广告类型，以讨论的形式讲解采用该媒体的原因、优势及局限性。

【实训内容】

1. 选择一种广告媒体，分析该广告媒体的优势和局限性
2. 收集该广告媒体承载的具体产品广告类型
3. 分析并说明某高尔夫产品为何采用此种广告媒体

实训二

【实训目的】

熟悉人员推销的步骤、策略、技巧，掌握推销人员的工作任务及应具备的核心技能与综合素质。

【组织方式】

教师指定某一具体高尔夫产品后，由学生扮演推销员和消费者，进行人员推销现场情景模拟实训。

【实训内容】

1. 扮演推销员的学生必须了解该高尔夫产品的定位、特性、价格

及同类竞争产品的信息

2. 扮演消费者的学生分析购买该产品的利益诉求点及购买行为

3. 确定采用何种推销策略，学会灵活运用各种推销技巧

单元十

高尔夫球会和会籍营销

学习目标

- 掌握高尔夫球会的经营形态和商业类型
- 了解会籍对会员的价值

模块一

基础知识

一、 高尔夫球会概述

（一）经营形态

高尔夫球会由球场和球会构成。标准的高尔夫球场占地 1 200 亩，发球台、球道、果岭依次组成每个洞，共有 18 洞。球场由发球台草、球道、果岭草和水障碍及沙障碍覆盖，具有很强的景观性。球会以建筑形态呈现，按区域划分功能，有位于进门处的签到处和收银台、更衣室、餐厅、球具商店、出发站等。在球会外，还有属地球会的停车场。

球会经营以下项目：销售会籍、为会员和嘉宾订场、接待会员和嘉宾打球、球童服务、餐厅服务、球具服务、教学服务。高尔夫球会通常按会员制经营，分为纯会员制和半会员制。前者只接受球会会员打球；后者在实行会员制的同时，还接受非球会会员打球。会员制是指打球者必须按球会规定的价格购买会籍后方能在球场打球。在国外，还有公众球会，即不实行会员制的球会。

高尔夫球会有四大特点：①专属性，只为会员及其邀请的同组嘉宾提供服务；②私密性，不对外公开会员的身份，非会员不得进入球会；③限制性，球场对打球人数有负荷，所以球会接纳会员的数量是有限的；④服务性，球会为会员提供高质量服务。

（二）商业类型和模式

在我国，高尔夫球会的商业类型分为以下四种：

（1）纯会员制。只有购买会籍后成为会员的人，才被该球会允许下场打球，但无权邀请非会员到球场打球，如位于北京市顺义区的西丽桃园球会，它由尼克劳斯设计和管理。这种商业类型比较少。

（2）会员邀请制。购买球会会籍的人有权在本人陪同的情况下，邀请三名嘉宾到球会一起打球。

（3）半会员制。购买球会会籍的人可在本人不陪同的情况下邀请三名嘉宾到球会打球。此外，球会还接受非会员打球。

（4）国内少有、国外较普遍的公众制高尔夫球会。它们不售卖会员证，是因为土地成本较低。中国目前较知名的有两家，都坐落于广东省深圳市，分别为龙岗公众高尔夫球会和深圳光明高尔夫球会。早年，北京窑上高尔夫球会也属于公众球场。

高尔夫不同商业类型球会的会籍定价机制是不一样的。对高尔夫球会的收入分类，我国著名高尔夫经济学专家郁小平在《价格月刊》发文指出，高尔夫球会的收入分为两类：一类是资源性收入，即会籍销售所带来的收入；另一类是运营性收入，即会员和嘉宾打球及在球会的消费所带来的收入。

高尔夫球会的收入来源由以下几部分构成：

一是会员购买会籍的收入。球会在创办之初和成长期，这是主要收入。由于球会的球场能容纳的打球人数有限，因此球会的会籍数量要与球场容量相匹配。当会籍达到一定数量后，会籍收入的比重便会下降。

二是会籍年费收入，即会员每年向球会缴纳的管理费，它随着会籍数量的增加而增加，是球会的稳定收入。球会的球场越多，这部分的收入就越高。

三是击球费收入，包括会员、嘉宾、访客打球的费用。会员价最低，嘉宾价是会员价的两倍，访客打球费用是会员价的四倍。击球费收入在总收入中所占比重较大，打球的人越多，收入就越高。以实行半会员制的东方（北京）天星球会为例，由于它离北京市中心较近，不少外企高管和中国企业家居住在附近。合理的价格和服务，使球会周末打球的人多，平日也有上百人打球。击球费收入成为其主要收入。

四是餐饮费收入。每个球会都设餐厅，为打球者提供早餐、午餐和晚餐。总体上，用午餐的打球者居多，组织赛事的机构一般组织晚餐。

五是购物费收入。专卖店是球会必不可少的设施，打球者可以在这里购买球杆、球、包、服装、食品等。

六是广告费收入。

在球会的创始期，会籍收入是球会收入的主要来源，或称支柱性收入。投资者想要尽快收回成本，减少资金压力，主要依靠创始会籍销售带来的收入。球会进入成熟期后，由于会籍数量有限，而且会籍价格较高，因此会籍收入越来越少，它在球会总收入中的比例也越来越小，打球收入开始成为球会收入的主要来源。在球会生命周期中，打球费和会籍年费呈稳定增长态势，它们是球会收入的主要来源。以东方（北京）天星球会为例，假设其会员人数达到1 000名，会籍年费为8 000元人民币，那么年费总收入可达800万元人民币。

（三）球会会籍概述

1. 会籍的定义

会籍是商务球会的一种经营模式。由于球会具有封闭性或半封闭性，人们在按球会规定缴纳费用后才有资格成为会员，在成为会员后才有权进入球会并使用设施、接受服务。在封闭式或半封闭式的高尔夫球会，只有购买会籍的人才能成为会员，有权享受会员价、优先打球、使用球会公共设施。会籍是一种有价物和通行证，也是“奢侈品”。

会籍一般分为股权式会籍和非股权式会籍。股权式会籍是指持有会籍的会员是球会的股东。在我国没有这种会籍，国外则有一些高尔夫球爱好者共同投资球会，请管理团队经营。参股者是股东也是会员，他们在对球场的运营有话语权的同时，还要对球场的经营自负盈亏。非股权式会籍是指持有会籍的会员不是球会的股东，不需要对球会经营承担经济责任，但拥有合同规定的一些权益，需要缴纳会费。我国球会都采取这种类型的会籍。据朝向集团发布的《中国高尔夫行业报告》（2009年度），我国有35.8%的会员制球会拥有200～499名会员，拥有1 000名以上会员的球会占10%。截至2009年，全国已经售出14.1万个会籍，平均每个球会出售436个。全国18洞球会的个人会籍均价为32.5万元，27洞的是42.2万元，36洞的则是44.9万元。

2. 会籍的类型及分析

会籍类型要按球会的市场定位，结合市场需求，按国家经济法律法规对发行会籍数量、面值、种类等的规定进行发行。

（1）按发售期分。

①创始会籍，即球会在建造阶段或试营业阶段售卖的会籍。创始会籍名额有限，一般不做大型推广活动，采取较为私人的销售方式。创始会籍会员一般为较资深的高尔夫球爱好者。在球会成立初始阶段发售的会籍，其特征之一是：有一定风险，一些球会在球道建造还未完成时就发售会籍，如同在房地产行业中的买楼花情形。我国至今还没有推行高尔夫球会的审批制度，绝大部分球会的成立是打“擦边球”，存在球场还未建造完就被勒令停工、拆除的可能性。特征之二是：会籍定价较

低，定额销售，行情看涨。正常会籍是指在球会创始会籍销售结束后销售的会籍，特征是分阶段销售，每个阶段的会籍定价不同，后一阶段比前一阶段的定价高。创始会籍的优势在于：满足消费者需求，同时保证足够的建设资金；能吸引更多消费者，而不用支出大量的广告费用。持有创始会籍的会员相当于高尔夫球会的股东，享有比普通会籍会员更多的权利。在球会初期阶段，创始会籍的销售量容易掌控，据此能很好地预测本球会的市场地位，为正式营业打下基础。创始会籍也有劣势：球会没有走入正轨，面临成本问题、政策问题、经营问题，消费者要承担很大风险。球会预售的创始会籍数量、价格需要严格把握。

②终身会籍。根据我国土地法律法规，土地租用上限为 70 年。由于政策逐步改善，各时期的土地使用年限不同，终身会籍使用年限受土地租用年限制约，存在风险。球会应提前告知消费者土地使用期限。

③年度会籍。多数出现于成熟期和衰退期球会。其球会现状为建设成本、经营成本相对较少，或会籍人数饱和，或经营年限受限。以东方（北京）天星球会为例，它于 2000 年正式营业，目前已经进入成熟期。为了增加运营收入，它推出了两种年度会籍：一种是使用期限为 1 年的会籍，价格为 3.9 万元人民币，会员可邀请最多 3 名嘉宾打球，嘉宾享受打球折扣；另一种是使用期限为 5 年的会籍，价格为 15 万元人民币，会员可邀请最多 3 名嘉宾打球，嘉宾享受打球折扣。

年度会籍的优势在于：价格低廉，容易吸引更多消费者，尤其是新进中产阶级、初学者，他们将成为高尔夫产业不断扩大的中流砥柱。对消费者而言，资金负担较小，结束后既可继续年度会籍，也可购买个人会籍，或找到真正适合自己的高尔夫球会推出的会籍。

年度会籍也有劣势：会员流动性加大，进入、退出成本较小，不易形成有组织、有共识的群体。年度会籍的推出势必影响普通会籍的销售，球会利润将降低，造成球会市场定位的局限性，很难向高端球会发展。

④储值会籍（到访制会籍）。储值会籍一般存在于季节性旅游城市的度假型球会，如海南、山东、云南等地。由于当地的高尔夫人口有限，其主要收入来源为冬季或夏季前来度假的外地高尔夫消费者，球会品牌价值有限，因此普通会籍销售吃力，进而发展出储值会籍。

（2）按产权分。

①个人会籍。随着会员人数的持续增长、日趋饱和，会籍需求的不断增加，球场服务的日益完善，个人会籍价格会呈稳步增长的态势。购

买会籍的会员享有球会的会员权益，在球会消费享受会员价的同时，也能邀请非会员享受嘉宾的打球价。会员在球会的日常运营中拥有参与权。球会的任何大型活动，如会议、比赛、宴会等，会员都有权参与。球会的任何发展都与会员利益息息相关。

②企业会籍。一般面向大型企业销售，入会费较高，一张企业会籍有1~2名指定提名人，也可有1~2个不记名会员资格。它的优势在于：企业会籍是提升高尔夫球会品质的有效途径，球会易与大型企业建立商业合作，为大型企业建立商业平台，成为接待客户、商业洽谈、举办公司大型会议、举办比赛的场所。其劣势在于：不记名会员资格的控制往往从球会转移到各个大型企业手中，球会无法监督不记名会员的资质，企业也可能由于监管不力，致使不记名会员资格被滥用。高尔夫球会访客价和会员价相差很大，特别是在节假日，差价少则几百元，多则千元，所以各种中介机构可借此获利。

③亲属会籍。由于个人会籍的价格有可能偏高，为了促进家庭在球会的消费，满足家庭需求，球会推出了一些相对便宜的亲属会籍。亲属会籍的产生有利于整个高尔夫产业的发展，也有利于会员家庭共同参与一项体育运动，更有利于促进青少年、女子高尔夫运动，高尔夫教学，高尔夫竞赛等方面的发展。

（3）按权益时段分。

①平日会籍。价格比普通个人会籍便宜，但拥有此会籍的会员不能在节假日享受会员价。球会已发现周末和平时的供需不平衡，希望通过此方法提高平日球会的使用率，增加经济效益。

②通用会籍持有者拥有在平时和节假日都按会员价打球的权益。

（4）按权益区域分。

鉴于高尔夫球会的选址、占地面积以及高尔夫球会建造所需要的特殊条件等因素，大多数高尔夫球会都选择建造在气候和环境条件优越、旅游发达的地区，这使目标市场与球会所在地产生空间距离。当人们把出差、探亲、访友、度假和季节相结合时，就产生了“旅游球会”。如海南省，夏季炎热，不适宜旅游和打高尔夫球，冬季则吸引大量消费者到此地旅游。这催生了“旅游会籍”。旅游会籍的优势在于：价格较个人会籍便宜，季节性强、成本低，且当地旅游资源丰富。劣势则在于：淡旺季差异明显。旺季由于需求过多，服务难以跟上；淡季由于球会运营成本很高，几周到几个月连续亏损现象时有发生。

（四）会籍对球会和会员的价值分析

球会制定会籍定价策略时，要充分认识到会籍对球会和会员的价值所在。只有使球会和会员的价值最大化，才能实现会籍定价的目标。

1. 会籍对球会的价值

（1）信息获取价值。在发行会籍时，球会根据会员填写的信息表可获取其个人信息，随后能在每次打球消费过程中，对会员及会员嘉宾在球会消费的情况进行分析，为会籍定价提供信息支持。

（2）保留价值。在会籍发行时，会籍拥有者成为球会的一员，其在球会的消费行为便被保留在球会。

（3）利润价值。会籍收入是球会收回投资成本的主要来源，此外，它还是运营成本的回收来源之一。会籍的年费收入是球会在成熟期的主要收入，具有稳定的特征。

（4）新产品推广价值。球会新产品的推广也靠会员实施。

（5）成本节约价值。球会对会员的推广成本低于对非会员的推广成本。

（6）信息传递价值。球会可以通过会员向其邀请的嘉宾传递会籍定价信息。

2. 会籍对会员的价值

会籍对会员的价值分为权益价值、商务价值、专属价值、投资价值、持久价值。

（1）权益价值。

权益性是指会籍持有者拥有的权利。其权益都在会籍合同中予以明确规定。基本权益包括几个方面：一是会员打球预约权。会员有权在购买会籍的球会打球，球会按会员待遇收费，我国各球会对会员打球收费的标准分为两个档次，大部分球会的收费为200多元人民币，还有一部分球会的收费为300多元人民币。二是会员邀请嘉宾打球权。几乎所有球会都规定一位会员每次最多只能邀请三位嘉宾来球会打球，有的球会还要求会员在邀请嘉宾来球会打球时，必须参与同组打球。嘉宾平日应邀打球的费用是会员打球的三倍，周日则更贵。三是会员对球会公共设施的使用权。如会员不仅可在球会练习场练球，还可按会员价支付费用。又如会员可使用球会的会议厅等。四是优惠取得附属卡（配偶、子女、法人附属提名人）的权利。五是转让的权利。六是亲属继承的权利。七是参加球会组织的比赛的权利。八是要消费项目发票的权利。例如，东方（北京）明珠球场规定：“会员之权利与义务：会员须按明珠卡招募细则及球会规定享受会员待遇收费。会员有带会员嘉宾的权利，所带会员嘉宾名额依球会规定执行。会员有遵守球会各项规定及缴付球会规定各项费用之义务，收费标准及细则另订。会员邀请或介绍非会员嘉宾消费及其在本球会之一切行为，由负责邀请或介绍之会员负责。会员有遵守球会规则的义务。”

（2）商务价值。

这是从会籍购买者的职业特征来分析会籍的特性。会籍的持有者大多数是从事商业活动的人士，有企业家、职业经理人等，他们购买球会会籍除了出于锻炼身体的目的，还为了通过邀请业内人士打球，增进彼此的友情，为即将或已经开始的业务进行沟通、铺垫。高尔夫运动的有氧性、舒适性、休闲性、私密性等为球会会籍的商务性打下了基础。《新财富》杂志曾经研究过高尔夫运动与地区发展的关系，发现我国内地省市的 GDP 和实际利用外资情况与当地高尔夫球洞数相关，相关程度分别达到 55% 和 89%；高尔夫球会分布的密度与当地的经济发展程度呈正相关。这无疑反映出高尔夫球会会籍的商务性。

（3）专属价值。

会籍是球会对外设置的门槛。在纯会员制球会，人们只有在购买会籍后才具备在球会打球的资格，没有会籍的人无权打球。在半会员制球会，没有会籍的人以高于会员价三倍以上的价格打球。专属性越强，会籍的定价越高，这主要是因为球会的投资成本大，容纳的人数有限，为尽快收回成本以及更好地服务少数人，只有把负担转嫁到会籍定价上。球会会籍的专属性越强，对球会的限制性就越强，显示了高尔夫球会的封闭性。会籍专属性的市场需求在于为政界和商界低调的重要人士提供私密空间。东方集团在台北的球会是其下属所有球会中唯一一家纯会员制球会，有很强的专属性，会员大多是台湾百强企业家或国民党政要。

（4）投资价值。

会籍的价值在于它是可转让的。如北京的华彬高尔夫球会，它的创始个人会籍为 4 万美元，如今已达到 10 万美元；创始企业会籍为 10 万美元的，如今已是近 30 万美元。绝大多数高尔夫球会规定会籍持有者在交纳手续费后可以向他人转让，转让价格由会籍持有者定，球会可以协助会籍持有者寻找买家。此外，与房地产二手市场一样，高尔夫球会会籍也有二手市场，还有专门从事二手会籍交易的企业。

高尔夫球会会籍价值还体现在它的升值性。会籍的升值幅度由四个因素决定：一是高尔夫球会会籍的定价策略。如果创始会籍的定价较低、涨价的周期短，会籍价格上涨的幅度就大；如果创始会籍的定价较高、涨价的周期长，会籍价格上涨的幅度就小。二是高尔夫球会价值的变化。以上海佘山高尔夫球会为例，它连续五年承办了汇丰杯冠军赛。比赛邀请世界排名前 50 的选手和当年各大巡回赛的选手参加，受到伍兹等一大批世界冠军的好评，美誉度越来越高，球会别墅的售价也越来越高。在中国一线民营企业家中，有不少人在这里购买了房产和会籍，从而使会籍价格不断飙升，甚至出现了一卡难求的局面。三是市场的供求关系。四是球会设施品质服务的水平。

高尔夫球会会籍的价值性、流通性、增值性和便利性决定了其投资性。正常情况下，一家高尔夫球会会籍的时价高于创始会籍价。据统计，从 2007 年至今，我国主流高尔夫球会的会籍价以近 20% 的年均速度上涨。2015 年，由《高尔夫周刊》和《投资者报》联合开展的“最具投资价值高尔夫球会会籍评价”活动宣布了一项调查结果，北京华彬球会和北湖九号球会的会籍价格增长了 300%。在日本，位于东京郊区的小金井乡村高尔夫球会会籍价格从 2004 年至今，已上升至 56 万美元，且仍以每年 21% 的幅度上涨。

（5）持久价值。

持久性是指高尔夫球会会籍是有期限的。会籍按期限通常分为终身会籍、年度会籍等，最常见的是终身会籍。超级私人专属球会只销售终身会籍。终身会籍的价值在所有类型的会籍中最大。在全球闻名的美国奥古斯塔球会，会员数额是限定的，所有会员都是终身的，只有退出一名才能接纳一名。在我国，最长的会籍期限与球会土地年限相同。

（五）我国球会会籍定价概况

每个高尔夫球会都有自己的会籍价格。在我国，从总体上看，创始会籍价位分为六个级别：第一个级别为 10 万元人民币以下，第二个级别为 10 万元人民币以上，第三个级别为 20 万元人民币以上，第四个级别为 40 万元人民币以上，第五个级别为 50 万元人民币以上，第六个级别为 60 万元人民币以上。每个球会根据各自的实际情况，制定创始会籍定价策略，会籍价格是上涨的。球会在限额发售创始会籍后，进行数次会籍发售，每次的发售价格都要比前一次高，前期增长的幅度大，后期增长的幅度小。

二、会籍定价机制

（一）制定会籍定价策略的原则

追求利润的最大化、不同时期实行不同定价、计划性，以及短期收益与中长期收益保持平衡，是制定会籍定价策略时要遵循的四大原则。

（1）追求利润的最大化是会籍定价策略的宗旨。这意味着会籍的定价必须考虑球会投入的成本，使价格高于其各项成本的总和，进而使出售的会籍和服务产生足够的收益。

（2）不同时期实行不同定价是会籍定价策略应遵循的基本原则。会籍定价策略由球会和市场两个因素决定，球场、球会及其运营等构成了球会因素，周边球场的数量和打球人口的数量构成市场因素。这两个因素在不同的时期呈现出不同的权重。

（3）计划性是制定会籍定价策略时不可或缺的原则。北京化工大学张英奎教授在其主编的《现代管理》一书中指出："在管理上，策略通常是表示一种总的行动方案，指为实现总目标而做的重点布置和资源安排，策略为企业的经营活动指明了方向，尽管它并不是确切地说明企业应当如何去实现其目标，而是对企业的经营思想和行动起到指导作用。策略实际上是一种复合性的计划形式，一项策略往往是目标、政策和各种方案的组合。"会籍销售的一大特点是延续性，球会在正式运营后，随着设施和服务的不断完善，延续性销售使会籍的价格不断上升。要使会籍定价策略有条不紊地施行，必须依靠计划。

（4）会籍定价既要注重短期收益，又要兼顾中长期收益。大多数球会在创始期开始会籍的第一次销售，这被称为创始会籍销售，其特征是尽量用顾客购买会籍的收入建造球场和球会。由于创始会籍对购买者来说有一定风险，因此大多数球会的创始会籍定价都采取低位吸引策略，引导购买者购买球会的未来。创始会籍定价低，球会销售会籍的数量也有限，一个拥有18洞球场的球会，最多只能销售800～1 200个会籍，所以在吸引购买者的同时，球会还要控制好创始会籍的名额，否则会出现顾及眼前收益却损失以后收益的局面。创始会籍定价策略有三个基本点：第一，实行较低价位；第二，尽快赢得购买者；第三，会籍收入用于球场和球会回收投资成本。

在球会建成后，创始会籍销售也宣告完毕，球会开始会籍的第二次销售。此次会籍定价策略与第一次不同，价位有所提高，但为了聚集人气，价格仍保持对购买者的吸引力，继续展示会籍的初始投资性。一般情况下，第二次定价比第一次定价高出 20%。大多数球会维持第二次会籍定价的时间在半年左右。此次会籍销售收入主要用于球会运营。

会籍的第三次定价策略是制定较高价位，此时不少球会会籍的价格增长幅度达到 30%。此举有两个目的：一是增强会籍持有者的信心；二是通过大幅增加收入，尽快收回对球会的投资。

会籍的第四次定价策略是制定更高价位。此次会籍价格上涨的幅度高于第三次。

会籍销售进行第五次定价时，价格上涨的幅度趋于回归，保持大约 20% 的增长幅度。之后若干次的定价也是在这一区间。

在我国，绝大部分高尔夫球会是以球会带动房地产发展为经营模式。在这种模式下，球会的经营不以赢利为主要目的，它的亏损由房地产项目填补。

（二）会籍定价路线

会籍定价与球会的创始期、成长期和成熟期同行，会籍在每个时期的定价发挥着在该时期应有的作用，即球会的收入责任。会籍定价的全过程包括：创始期定价、成长期前期定价、成长期后期定价、成熟期定价和衰退期定价。会籍定价的基本参数是平均定价，即投资成本除以会籍发售的个数，会籍平均价格的定价以收回投资成本为目的。根据价值与价格理论，平均价格是会籍价格的轴心：创始期和成长期的定价低于平均价格，从成长期后期开始，定价趋于平均价格；在会籍定价临界或与平均价格相等后，成熟期定价高于平均价格。这就是会籍定价的方法。

根据商品定价理论，会籍的每一次定价都要遵循以下步骤。第一步是确定会籍定价目标，为此要考虑以下指标：①每一次会籍销售给球会带来的利润。②球会投资者对投资回报率的预期目标。③从创始会籍定价到最后一次会籍定价期间，会籍定价的增长幅度。这是决策者的战略选择。第二步是对球会投资成本进行估算。第三步是对高尔夫市场需求进行分析。第四步是对竞争对手的产品进行分析。近年来，在北京及其周边地区，高尔夫球会的数量有增无减，总数近百，会籍销售面临竞争局面。在这种情形下，在定价前做到知己知彼是前提。第五步是选择因素定价方法。第六步是运用定价技巧，确定价格。

模块二

实 训 练 习

【实训内容】

1. 小组讨论高尔夫球会的经营项目和类型
2. 举例说明高尔夫球会会籍对会员的价值

单元十一

高尔夫会籍顾问的基本知识

学习目标

- 掌握会籍顾问的基本概念
- 掌握会籍顾问的理念和服务规范

模块一

基 础 知 识

一、 会籍顾问的基本概念

（一）会籍顾问的定义

会籍顾问的工作是满足顾客的需求，并艺术性地让顾客认同和接受高尔夫球会的服务产品。要成功地做到这一点，会籍顾问必须充分了解自身的产品和服务，并熟练掌握会籍销售技巧。服务就是销售，当会籍顾问把销售的观念用在为顾客服务并以帮助顾客解决问题的方式表达出来的时候，顾客会逐步解除戒心，袒露他们的需求和内心的真实意图，这是销售的另一种乐趣，能令会籍顾问找到无心插柳柳成荫的销售信心。这就是近两年很多高尔夫球会把销售人员改称为会籍顾问的原因，调整称谓的同时也是在转换销售的观念。高尔夫球会的主要业务是会籍的推广，而其中主要的部门就是销售部，或更准确地称之为会籍部。高尔夫球会业务的发展，从会籍推广岗位的员工称谓的变化，即从销售到会籍顾问再到会籍经理的演变过程便可窥见一二。简单地说，销售是把会员卡推荐给潜在顾客，利用销售技巧和职业热情完成推介。而会籍顾问不仅仅要熟练掌握销售技巧，还要帮助会员得到优质的服务。会籍顾问若想成为会籍经理，便要以熟练的销售技巧为基础，以优质的会员服务为根本，以专业的知识为保障，为会员提供卓越的服务。

（二）会籍顾问职位说明书

会籍顾问（会籍经理）的工作职责如下：

（1）拓展外部市场，包括派单和直接拜访顾客。在拓展过程中，需要有良好的形象和礼仪，能向顾客传播健康理念，推广和维护公司品牌形象。

（2）邀约顾客。能主动收集、整理顾客资料并联系约访，接待来访顾客时能礼貌熟练地介绍球会情况。

（3）跟进顾客。邀约成功后能做到继续跟进，向顾客传输球会意识、品牌、优势等信息，为会员和潜在会员提供优质服务。

（4）会员维护。定时致电或拜访会员，在表达问候的同时能从专业角度帮助会员解决一些问题。

（5）认真填写每一项工作记录和有关销售报表，遵守公司销售流程。

（6）遵守球会有关规章制度，服从管理，努力完成每月和每年的业绩目标。

（7）对所有同事、顾客都要面带微笑。

二、 会籍顾问的素质

（一）性格

会籍顾问每天都要面对挑战和拒绝，因此必须具备以下性格：

（1）充满自信并坚持不懈。不管遇到多大困难，都坚信自己能够努力达到目标，并会不懈努力，直到成功实现目标。

（2）积极向上并充满活力。保持乐观向上的态度，遇到挫折能够立刻振奋起来，从中总结经验教训并继续努力。不被外界因素影响个人的工作态度，始终保持积极热情的工作态度和精力充沛的工作状态。

（3）性格开朗并乐于助人。当别人对自己的看法提出不同意见时，保持平和、谦虚的心态。当他人的想法比自己的想法全面时，能及时修改。喜欢结识以前不认识的人，乐于帮助他人实现自己的目标和帮助他人解决问题。总之，会籍顾问应该充满自信、不畏挫折，同时始终坚信机会面前人人平等，保持着不畏困难、争强好胜的性格。敏感、不负责任、具有心理落差等的人员是不适合做会籍顾问的。

（二）工作动力

会籍顾问的工作动力最初大部分是来自金钱方面，但随着不断学习和提高，会籍顾问的工作动力还将来自他们服务的会员生活质量的改变，来自他们帮助他人而获得的满足和自豪感。优秀的会籍顾问的动力通常来自他们对高尔夫行业的热爱和执着。他们坚信科学的锻炼方法，身体力行地坚持并保持良好的锻炼习惯，在为顾客树立良好形象的同时，也为自己提供充沛的精力或取得意想不到的销售效果。许多会籍顾问的工作态度从积极的，到应付的，变得越来越懒散，甚至是抵触。就他们个人因素而言，是随着工作环境或是生活环境的改变，他们的动力和对成功的憧憬改变了。所以，会籍顾问必须是那些富有激情、渴望成功，同时能不断调整自己的心态和努力方向，始终保持积极工作动力的人。工作动力不仅是个人素质的体现，也是球会对销售团队整体管理水平和协调工作能力的体现。

（三）学习能力

良好的学习能力是会籍顾问能够从平凡到优秀的过渡桥梁。学习的内容至少应涵盖高尔夫基本知识、销售技巧和服务技巧。只有具备学习能力的会籍顾问才能够不断超越自己，不断提高。同时，会籍顾问必须兴趣广泛，具有勤学好问的特质，并乐于与同事交流工作经验和心得，共同在学习中得到成长。

（四）服务意识和团队精神

球会是服务性行业，会员的口碑是会籍顾问成功的关键，同时，团队精神也是会籍顾问在一个销售团体中生存和愉快工作的关键。

三、 会籍顾问的顾客服务规范

顾客期望得到专业化的服务。专业化的服务是指一个人在工作当中能够将工作需要放在第一位。顾客将根据会籍顾问的言行举止和服务态度来判定顾问所提供的服务的专业性。为此，会籍顾问应该做到：

（1）在球会内穿行时，始终保持微笑，问候遇到的每位会员、顾客或其他同事。

（2）努力尝试记住所有本人为之服务过的会员的名字。

（3）在销售的每一环节中为顾客提供周到、细致的服务。

（4）帮助会员、顾客或其他同事处理问题时，必须表现出理解和热情。

（5）认真解答顾客提出的任何有关球会的问题。如当时无法解答，事后在1小时内应作出答复或者将其介绍给能够为他们提供解答的同事或部门，而本人必须继续跟进此事，直到顾客得到满意答复为止。

（6）向每一位新会员详细介绍球会的规章制度和会员守则。

（7）对新会员实行电话跟踪服务。

四、 对会籍顾问的评价标准

对会籍顾问的评价标准经常出现如下问题：只是从个体出发（只凭管理者情绪、喜好和以往经验），对会籍顾问评价没有统一的量化标准；只是通过单一业绩来评价会籍顾问，而忽略了其在团队业绩中的表现。正确评价会籍顾问的工作是建立优秀的销售团队、提高整体销售业绩并为会员提供高品质服务的保证。因此，球会应该在实际工作中不断研究和总结，建立一套具体的、明确的、相对科学的对会籍顾问的评价标准。一般来讲，评价会籍顾问主要从工作态度、工作能力和工作业绩三个方面进行。

（一）工作态度考核

工作态度包括工作的积极性、工作的责任心、团队意识和学习态度。工作态度往往影响着会籍顾问的工作业绩和工作表现。加强对工作态度的评价，可以鼓励会籍顾问发挥工作热情，提高积极性，从而达到提高绩效的目的。

（二）工作能力考核

工作能力考核是对具体工作所需要的基本能力以及经验性能力进行测评的过程。工作能力包括对和工作相关的常识、专业知识以及工作所需要的技能和技巧的掌握能力，还包括工作中表现出来的理解力、判断力、创造力等经验性能力。会籍顾问的工作能力是内在的，不容易衡量和比较。因此，工作能力有时并不能仅仅通过直接的能力测试来考核，还需要通过人们的感知察觉和平时工作表现的记录来作出判断。同时，高尔夫球会对会籍顾问能力的考核要注重潜力的培养和发掘。

（三）工作业绩考核

工作业绩考核是对每个会籍顾问在销售工作中完成任务所取得的成绩、成果进行测评的过程。会籍顾问的工作业绩考核可以从销售业绩、销售成功率、单笔协议成交额、顾客服务满意度等方面进行。

模块二

案例分析

会籍顾问的“五心”

（1）专心。在工作中，要集中精力，有效地利用时间，不要把时间浪费在冗长的电话闲聊、无效的工作中，这样将能大大提高自己的能力和销售业绩；在与顾客交流中，要专心倾听顾客的表述，及时给予解答和帮助。

（2）真心。在会籍顾问的销售过程中，不能把“办理会籍”作为最终目标，而应站在顾客的角度去考虑，以“将健康的生活方式带给顾客”为目标，真心为顾客服务，帮助顾客在球会安全、愉快地享受锻炼的乐趣。

（3）细心。会籍顾问的细心不仅体现在及时发现顾客的担忧并协助其解决上，还体现在日常生活与顾客打交道中。比如在会员生日时邮寄生日卡片、天气变换时给会员发送问候短信等。

（4）用心。用心不仅指在工作中认真负责的态度，还包括善于观察、学习他人的优点，注意收集来自各方面的知识和消息，将有效信息转化为自己工作的“帮手”。

（5）恒心。德国诗人席勒说：“只有恒心可以使你达到目的。”作为会籍顾问，应该正确面对工作中遇到的拒绝、误解、冷漠，保持一颗持之以恒的心，这样才能够取得最后的成功。

高尔夫球会作为健康服务行业，会员的口碑是非常重要的，甚至是球会生存和发展的基本保障。这就意味着高尔夫球会的成功与否将取决于会员的满意度，取决于为会员提供的服务是令人满意的、优秀的还是卓越的。

作为承担会籍推广责任的每一位会籍顾问都必须清醒地认识到，会籍顾问的工作是在不断寻找、邀约、成功接待的同时，努力提高为顾客服务的水平，最终成功实现销售。尽管有时候在服务和销售上有所侧重和不同，但是两者之间有着很大的关联性，提供优质的服务是为了推销高尔夫球会的理念。

模块三

实训练习

【实训内容】

1. 各小组讨论高尔夫会籍顾问的工作职责
2. 谈谈高尔夫会籍顾问需具备的素质

单元十二

会籍顾问的销售技巧

学习目标

- 详细了解会籍销售的技巧
- 掌握会籍销售的服务理念

模块一

基础知识

一、 顾客拜访

顾客拜访的技巧是在熟练掌握会籍顾问销售技巧的同时，需要注意的其他内容，具体如下：

（一）良好的第一印象

第一印象是指与不熟悉的社会知觉对象发生第一次接触后形成的印象。初次见面时，对方的仪表、风度所留下的印象往往形成日后交往的依据。一般人通常根据第一印象来将某人归类，再从这一类别系统中对此人加以推论与判断。

人与人之间的相互交往、人际关系的建立，往往是根据第一印象所形成的论断。心理学方面的研究表明，人们对其他人或事物在8秒钟之内产生的第一印象可以保持7年。第一印象获得的主要是关于对方的表情、姿态、仪表、服饰、谈吐、眼神等方面的印象，虽零碎、肤浅，却非常重要。因为，在先入为主的心理影响下，第一印象往往能对人的认知产生关键作用。

“第一印象是最重要的印象”，在销售过程中，第一印象对能否成功销售起着关键作用。据相关资料统计，销售人员的失败，部分是因为留给顾客的第一印象不好。也就是说，很多时候，不合格的会籍顾问在还没开口介绍球会之前，顾客就已经决定不与其进一步沟通了。顾客拒绝的原因基本有三：一是拒绝会籍顾问本身；二是对球会没有信心（基于价格、品牌、收效等方面）；三是顾客本身已经参加其他的高尔夫球会。所以说，销售人员给顾客留下良好的第一印象，对接下来的相互沟通很重要。

（二）设计一段成功的开场白

会籍顾问与顾客面谈前，需要有适当的开场白。在实际销售工作中，会籍顾问可以首先唤起顾客的好奇心，引起顾客的注意和兴趣，然后道出加入球会的益处，进而迅速转入面谈的主题部分。唤起好奇心的具体办法灵活多样，尽量做到得心应手，不留痕迹。此外，在刚刚见面时，为打破僵局，会籍顾问可以寻找一些话题，如“这件衣服很时尚，您是在哪里买的”等。总之，开场白要设法营造舒适的谈话气氛，使双方建立融洽的关系。

（三）善于利用销售工具

会籍顾问要善于制作和利用各种销售工具吸引顾客，引发其购买欲望。必备的工具有：纸、笔、名片、计算器、销售手册、顾客名单、通讯录、地图、价格表等。宣传品则包括宣传单或宣传手册、相关报道、杂志、优惠折扣资料、礼品等。

（四）学会换位思考

会籍顾问在拜访前要尽可能多地掌握顾客的情况，站在顾客的立场上，真诚地帮助顾客分析利弊得失，让顾客感到和顾问的谈话或合作是一次愉快的、真诚的、难得的机会。这将更容易说服顾客、打动顾客，掌握拜访的主动权。

（五）掌握让步和坚持的分寸

顾客拜访的成功，在某种程度上是双方妥协的结果。妥协就是让步，由双方的情况和拜访形势决定，有时候需要一步到位，有时候需要分段让步。总之，采取的方式要使对方感到你的妥协是通情达理、认真考虑过的，不能让对方感到突然或不合逻辑。同时，要有一定的忍耐力，学会巧妙地坚持和等待。许多拜访的成功是在最后一分钟取得的。

（六）事前准备

1. 信心准备

事实证明，会籍顾问的心理素质是影响成功的重要因素，除了突出自己良好的个性，让自己得到认可外，还要保持积极乐观的心态。

2. 话题准备

顾客拜访是销售活动前的热身活动，这个阶段最重要的是制造机会，而制造机会的方法是提出顾客关心的话题。

3. 拒绝准备

大部分顾客是友善的，但人们在接触陌生人的初期，通常会产生本能的抗拒和保护自己的想法，找一个借口来推辞。这并不是真正讨厌会籍顾问或高尔夫本身，因此会籍顾问应对可能出现的拒绝做好准备。

4. 微笑准备

如果希望别人怎样对待自己，自己首先要怎样对待别人。微笑可以向顾客展现出会籍顾问积极的形象和对顾客的友善，同时微笑也是人与人沟通的催化剂。

二、 会籍顾问的四大销售技巧

（一）提问的技巧

1. 常用的提问方式

（1）开放式问题。

销售行为的成功，在很大程度上依赖于会籍顾问对顾客的了解程度，因此，向顾客提问的过程是会籍顾问获取有价值信息的重要过程。会籍顾问在顾客面前应尽量提出一些顾客需要较多语言才能说清楚的问题，这种问题被称为“开放式问题”。这样，顾客就不得不说出更多的想法，使会籍顾问了解顾客的真实目的，获得更多的、具有价值的信息。当然，开放式的提问是需要节制的，否则会籍顾问可能和顾客谈得很投机，却最终不能得到任何有价值的信息，白白浪费时间和精力。同时，开放式的提问并非越开放越好，否则顾客会不知从何说起。所以，在提出开放式的问题时，会籍顾问一定要有所预期，使顾客不需要太多的思考就能回答。

（2）封闭式问题。

封闭式问题通常是为了尽快得到所需要的信息，控制与顾客的谈话进程。通常这类问题需要顾客作出选择性的回答，如“是”或“不是”，或者由会籍顾问给出几个选择项让顾客选择。这种提问方式最大的好处在于能够确认顾客对某一事件的态度和看法，从而帮助会籍顾问真正了解顾客的想法。但是，需要注意的是，大量地使用封闭式的问题，会造成审问式的交谈结果，使顾客有种被胁迫的感觉，增加戒心，甚至因招致顾客的反感而导致会籍顾问销售失败。

避免审问式交谈的最佳方式是耐心。许多会籍顾问在提问的时候，往往犯下这样的错误：在提出的问题中，前半句是一个开放式的问题，但紧接着，没有等顾客回答就补充了后半句，成了一个封闭式的问题。比如："您喜欢做什么样的运动？我的意思是，您是否经常打高尔夫？"很显然，会籍顾问在销售谈判的初期往往会比较紧张，希望能够快速地结束整个过程。因此，会导致以开放式问题开始，而又快速地以封闭式问题结束；本想让顾客更多地谈及自己的想法，却急不可耐地将自己的想法强加给顾客。欲速则不达，所以，建立对话式讨论氛围的关键是要有耐心，通过开放式的问题，让顾客多说一些，会籍顾问也多倾听一些，进而在此基础上，不断有意识地将顾客的思路往会籍顾问预期的方向上引导，最终达到会籍顾问的目的——完成销售。

（3）试探式问题。

试探式提问指的是能够用来判断顾客是否会作出决定的问题，如："您对高尔夫会籍感兴趣吗""您一周内有几天会打高尔夫"等。顾客对试探式提问的回答能让会籍顾问得到相关的结论。提出试探式问题后，一定要注意停顿和倾听顾客的回答。当顾客作出选择性的回答时，顾客往往会对成为球会会员感兴趣。那些不回答或者试图逃避问题的顾客，很可能还没有决定立刻成为球会会员，因为这些顾客可能仍然有许多顾虑，或者他们还不太清楚成为球会会员对自己意味着什么。

（4）跟进式问题。

在通过以上几种提问方式却仍未得到满意的答案时，会籍顾问可提出进一步的问题，以获得顾客对"最终成交"有利的答案或进一步的信息，这类问题通常被称为"跟进式问题"。

2. 提问的主要作用

（1）利用提问发掘顾客的目标、动力和内心的渴望。有很多会籍顾问接受培训时只记住了要时刻迎合顾客的需求，而疏忽了引导顾客的需求，出现顾客一个劲地提问的情况，这使会籍顾问疲于应付。事实上，顾客一再地提问并不一定表明他感兴趣，也有可能他只是在试探。作为会籍顾问，要做的是了解顾客真正关心的是什么、主要的问题在哪里，不能被顾客牵着鼻子走。而且，会籍顾问不能一直不停地说，而不通过提问给顾客提供交流的机会，使顾客感觉顾问是在对他进行强迫式推销，一味地施加压力。顾客之所以愿意和会籍顾问谈话，是期望会籍顾问可以在专业方面给出建议，像医生一样，对现状进行诊断。而诊断的最好方式就是有策略地提问，通过提问来发掘顾客的目标、动力和内心的渴望。

（2）利用提问测试顾客的关注程度。当会籍顾问非常用心地向顾客解释一番之后，通常需要了解顾客听进去多少、听懂多少、顾客的反应如何、顾客是否真的对高尔夫感兴趣。如果会籍顾问回答顾客的问题后，用陈述句结尾，没有下文，那么顾客的回答通常是“好，我知道了，改天再聊吧”“我再考虑一下”，甚至是最可怕的沉默。如果在回答顾客提问后，会籍顾问紧接着问：“您觉得怎么样呢?”那么，顾客至少不会冷冰冰地拒绝。提问给了顾客阐述自己想法的机会，也给了会籍顾问更多了解顾客关注程度的机会。

（3）利用提问掌控对话的进程。对话的进程决定了销售的走向，一般而言，在以顾客为中心的顾问式销售循环中，包含着两个相辅相成的循环：顾客的心理决策过程与会籍顾问的销售流程。会籍顾问通过开放式问题、封闭式问题、试探式问题等控制谈话的进程，完成销售的流程，并确保这一流程尽可能与观察到的顾客心理决策过程相吻合。

（4）利用提问来处理顾客担忧。顾客对会籍顾问的建议提出异议主要有两个原因：一是人类本身具有的好奇心；二是由于会籍顾问没有解释到位，顾客没有完全听明白。从好奇心角度来说，人类的好奇心是无止境的，如果碰到一个“打破砂锅问到底”的顾客，那会籍顾问就要注意选择恰当的语言和应对方式。而此时如果会籍顾问不善用提问，只会一味地说，将一直处于被动的地位。当顾客提出一个问题，会籍顾问可以尝试着反问他：“您这个问题提得很好，为什么这样说呢?”这样就可以反守为攻，掌握主动权。当顾客没有完全听明白的时候，通常表现为沉默不语、迟疑不决或干脆逃避，诸如“不需要”“考虑看看”“把资料留下来，以后再说”的借口就会频频出现。这个时候的提问，其作用是探询顾客了解的程度。例如“对于这一点，您的看法如何呢”或“那没关系，您为什么这样说呢”，多问几个“为什么”，然后在最重要的环节上利用跟进式提问，如“还有呢”等，以获取更多信息。

（二）倾听的技巧

1. 倾听的主要作用

心理学方面的研究表明，大多数人喜欢别人倾听自己的谈话，而非听别人说话，所以会籍顾问要利用简单有效的提问，使顾客不断地说话，做到仔细倾听，并在此基础上提出更深入的问题。许多时候，顾客是将会籍顾问当作专家来看的。会籍顾问要善于利用这一点，即使顾客是保守类型的，也要通过有效的问答，让顾客表达心中的想法，从而使自己从被动地位转换为主动地位，这样就增加了销售成功的可能性。

倾听给顾客带来的不仅仅是礼貌，更是一种尊重。同时，倾听会让顾客有了倾诉和发泄不满的渠道。会籍顾问要做的就是让顾客感到安全和舒适，没有压力地说出担心、苦恼、关注的问题等，从而了解顾客的目标、动力和内心的渴望以及现在无法立刻决定的原因。

顾客的购买大体基于两点：逃离痛苦和追求快乐。问题的关键就是让顾客感到痛苦的“痛点”和让顾客感觉快乐的“兴奋点”。典型的销售流程通常是先让顾客思考并说出自己所面临问题的严重性，会籍顾问在倾听的同时适时地给出一些引导，然后展望解决问题后的快乐与满足，从而激发顾客立即参加球会、实现这一美好憧憬的强烈愿望。当然，要注意方式、方法，切勿让顾客感到自卑或不愉快。“听”顾客的内心渴望，关键是听那些容易让顾客敏感的字眼，观察顾客在每个特定阶段的肢体语言。会籍顾问的倾听不仅是用耳朵听问题，而且是需要运用多重感官的综合行为。不仅耳朵要听，而且眼睛要观察，手也要动笔记录，并且要利用过渡语（如“是吗”“还有呢”等）、点头、微笑、眼神控制、沉默与停顿等，表现出对顾客的关注。

2. *顾客反应*

（1）顾客的情绪性字眼。当顾客感觉到痛苦或兴奋时，通常会在对话中通过一些字、词表现出来，如“太”好了、“真”棒、“怎么”可能、“非常”不满意等，“太”“真”“怎么”“非常”这些字眼表现了顾客的潜意识导向，表明了顾客的深层看法，会籍顾问在倾听时要格外注意。一般而言，在成交的那一刻，顾客作决定总是感性的。所以每当顾客在对话中流露出有利于购买成交的信号时，会籍顾问要抓住机会，及时促成。

（2）顾客的肢体语言。在销售对话（特别是面谈）的影响中：词语影响力为7% ~10%；声音影响力为20% ~30%；肢体语言影响力为60% ~80%。从以上的比例可以看出，肢体语言是非常重要的交流方式。在销售对话进程中，常见的积极的肢体语言有歪头、手脸接触、扶推眼镜、屈身前倾、手指呈尖塔形、双手抱在脑后等；消极的肢体语言有假装摘绒毛、拉扯衣领、缓慢眨眼、腿搭在椅子上、缓慢搓手掌等。顾客在销售中总是习惯“言不由衷”，会籍顾问要懂得通过无意识的肢体语言把握顾客的心理动态。

3. 倾听的技巧

倾听的技巧是保持目光接触，身体前倾，记下重点内容并不时点头和微笑。同时要注意到：

（1）站在顾客的立场去倾听。会籍顾问要站在顾客的立场上专注地倾听顾客的需求、目标，适时地向顾客确认自己所了解的是否为他想表达的意思，这种诚挚、专注的态度能使顾客说出更多的内心想法。

（2）把握顾客谈话重点。让顾客把话说完，清楚地听出对方的谈话重点，并记录下来。会籍顾问通过与顾客的谈话，了解顾客的感受及其对某一件事情的看法，或是来打高尔夫的真正目标、动力和内心的渴望。顾客充分讲述自己的情况以后，会籍顾问才能正确地找到顾客的需求，才能有的放矢地决定该如何满足顾客的需求。与顾客谈话时，如果顾客确信会籍顾问完全能够正确理解自己想表达的意思，一定会非常高兴，感觉受到尊重，由衷地对会籍顾问产生信任，这种信任是会籍顾问一切工作得以顺利进行的最好保证。同时，会籍顾问能够清楚地听出对方的谈话重点，也是一种能力。因为并不是所有顾客都能清楚表达自己的想法，特别是在不满、情绪受影响的时候，经常会有类似于“语无伦次”的情况出现。会籍顾问除了要排除外界的干扰、专心致志地倾听以外，还要排除对方说话方式造成的干扰，不要只把注意力放在说话人的咬舌、口吃、地方口音、语法错误或“嗯”“啊”等习惯用语上面，而要全神贯注地去理解对方谈话的重点。

（3）秉持客观的态度和拥有开阔的胸怀。不要心存偏见，不要只听自己想听的或是以自己的价值观来判断顾客的想法，也不要因为顾客几句不好听的话就耿耿于怀，影响自己的工作。

（4）正确处理顾客的不满。对顾客所说的话，不要表现出防卫的态度。当顾客所说的事情，对会籍顾问的工作可能造成不利时，听到后不要立刻驳斥，可先请顾客针对事情作更详细的解释。若顾客只是听说，无法解释得很清楚时，也许在会籍顾问说明的过程中，顾客自己会感觉出这种看法不是很正确；若顾客说的证据证实其想法，不要和顾客讨论或争辩一些细节的问题。

（5）掌握顾客真正的想法和需求。顾客有顾客的立场，他也许不会把真正的想法表达出来，也许会用借口或不实的理由搪塞，或是为了达到别的目的而声东击西，或别有隐情、不便言明。因此，会籍顾问必须尽可能地听出顾客真正的想法。销售工作就是让顾客认同和接受“高尔夫球会的产品和服务能够满足顾客的需求”这种观点，并立即采取行动加入高尔夫球会。要成功地做到这一点，会籍顾问必须充分了解高尔夫球会自身的产品和服务，并具备优良的销售技巧，其中准确地了解顾客的需求是至关重要的，而顾客的需求包括顾客的目标、动力和内心的渴望三个层次。

（三）表示理解的技巧

只有在顾客表述后，会籍顾问表示充分的理解，才会让顾客知道会籍顾问已经认真听了他的讲述并完全明白他的意思，同时感觉受到尊重。而当会籍顾问没有对顾客的想法和感受表示理解时，顾客通常会结束谈话。显然，对顾客的感受表示理解是建立会籍顾问与顾客之间信任关系的过程中非常重要的一环。为此，会籍顾问可以通过与顾客谈论一些个人问题让顾客感到亲切，从而让顾客有一种舒适感。每个人在情感上都有自己的舒适区，而谈论一些敏感的话题如体重、外表和身体等可能会让顾客感到别扭，表示理解将是把顾客带回到舒适区的有效途径。值得注意的是，“我们能理解”这句话表明完全理解顾客的感受但并不意味着赞同。有时候顾客表达他的强烈愿望时，往往带着个人的偏见，且对促成销售不利。此时会籍顾问内心即使不赞成这个观点，也要表示对顾客的理解，只有这样才能建立起和顾客相互信任的桥梁。

（四）给出正确信息的技巧

一个优秀的会籍顾问只有在提出问题、倾听顾客的言谈、真正找出顾客最关心的事情并完全了解这些需求对顾客的重要性后，才能提出解决问题或满足这些需求的方法，而提供的相关信息是让顾客感到全面、专业、有价值的。会籍顾问向顾客提供信息时，必须清楚、易懂。给出信息的时机和信息内容是非常关键的，因为它们能决定顾客是否接受会籍顾问提出的建议。许多会籍顾问都意识到提供信息的重要性，但遗憾的是，很多人还是在本应认真倾听、表示理解或提问的过程中过早地给顾客提供了信息。成功的会籍顾问会将更多的时间用于倾听顾客的言谈，而不是迫不及待地提供相关信息。

模块二

案例分析

“王总，您好！您这么忙还抽出宝贵的时间来接待我，真是非常感谢您！”（感谢顾客）

“王总，办公室虽装修得这么简洁，却很有品位。过去总以为您只是一个很成功的老板，没想到您还是个极具艺术品位的人。”（赞美）

“这是我的名片。我是某某高尔夫球会会籍部的小刘，请多指教！”（第一次见面，在交换名片时作自我介绍）

“王总以前来过我们球会吗？您楼上公司的张总向我们介绍您，说您对高尔夫运动感兴趣，喜欢通过它来提高身体状况，提升工作效率。张总是我们的公司卡会员，他介绍我们来拜访您，了解一下您这方面的情况。不知我们是否有机会为您出份力。”（说明目的，突出顾客利益）

“王总，贵公司目前有什么具体计划吗？”（问题结束，让顾客开口）

从上面的例子可以看出，开场白要达到的目标是吸引顾客的注意力，引起其兴趣，使其乐意与会籍顾问继续交谈下去。所以在开场白中，陈述能给顾客带来什么是非常重要的，即陈述价值。然而，陈述价值不仅要求会籍顾问对自己推广的服务和产品的价值有所了解，而且知道如何突出顾客关心的问题，找出两者的结合点。

每个人对同一件物品的价值认同点是不同的。同样购买一件衣服，有人考虑款式，有人考虑质量，有人考虑品牌；款式、质量、品牌就是这件衣服的价值所在。若这件衣服有十个好处，顾客只考虑两三个好处便愿意购买了。因此，找出顾客最关注的价值并在开场白中加以陈述，是开场白的关键。

开场白会影响整个谈话的气氛，也会影响顾客的聆听态度，因此，应采用明确、诚恳、有吸引力的来意陈述。如果一开始就取得了顾客的注意和尊敬，在整个谈话过程中，会籍顾问很可能得到同样的尊重；反之，就可能空手而回。顾客心中有一个疑问：你要干什么？因此，越早说明拜访的重点越有利，顾客会因而减少对会籍顾问的防备。

模块三

实 训 练 习

【组织方式】

将学生分成若干学习小组后，要求学生就有关会籍销售技巧进行小组讨论。随后，让各小组进行角色扮演练习：小组成员分别扮演顾客和会籍顾问，在实际情境中演练会籍顾问的销售技巧。

【实训内容】

1. 掌握会籍顾问销售技巧的具体内容
2. 演练会籍顾问的提问技巧
3. 演练会籍顾问给出正确信息的技巧

单元十三

高尔夫会员的招募管理

学习目标

- 掌握会员招募的方式
- 了解会员的征集方式
- 掌握现场推广的步骤

模块一

基 础 知 识

一、 会员制概述

会员制营销模式多年来一直被西方国家广泛应用，并经过实践证明是能够给企业及其顾客带来双赢的有效方法，会员制营销几乎已经覆盖了所有的行业。

在世界百强企业中，因以会员制为主要营销模式而成为世界巨头的有麦德龙、安利、玫琳凯、西南贝尔、委内瑞拉国家石油公司等数十家世界著名公司。

在高尔夫球会的营销中，会员制是有效的营销模式。

（一）会员制概念

会员制是一种人与人或者组织与组织之间进行沟通的媒介，它是在企业发起并管理运作的前提下，吸引客户自愿加入，目的是定期与会员联系，为他们提供具有较高价值的“利益包”。

什么是会员制营销？一般认为：“营销，肯定就是卖东西，所以，顾名思义，会员制营销就是通过会员制的形式间接地卖东西。”其实不然，会员制营销的实质是创造会员价值，或者说是实现“会员价值的最大化”，进而达到提高顾客忠诚度的目的。

（二）会员制的双赢之道

会员制的实施可谓是双赢的选择：

对顾客来说，这不但可以让顾客享受比其他消费者更为优惠的价格，而且在服务方面更能得到特别对待。

对球会来说，会员制可以使其拥有固定顾客群体，让会员得到更多的实惠，增加持续的消费，进而获得更多的忠实顾客。

（三）会员制给予顾客的价值

（1）优先享用和优惠权利。

（2）享受特殊服务。

（3）参加会员活动。

（4）显示会员身份和地位。

（四）会员制给予企业的价值

事实证明，会员制作为成功营销模式的一种，能给企业带来以下核心利益：

（1）建立长期稳定的客户群。

（2）互动交流，改进产品。

（3）推出提升顾客忠诚度的其他经营与服务组合。

（4）提高新产品开发能力和服务能力。

（5）可观的会费收入。

二、会员招募规划

会员制营销服务的对象是会员，它是为了会员而存在的。如何让高尔夫球会锁定目标顾客群并使目标顾客成为会员制球会的核心会员，如何扩大球会在目标顾客群中的影响力，使目标顾客群成为球会长久稳定的会员，这都需要球会进行详细的规划，并实施有效的会员征集与推广活动。

实行会员制的球会，会员是其最为重要的市场目标，会员招募则是其赢得市场的第一步。详细的会员招募规划和有创意的宣传活动，可以让会员招募工作事半功倍。

（一）会员招募策略

（1）会员制球会在实施会员招募之前，会通过媒体广告进行宣传和公关活动，广泛宣传俱乐部，以引起目标顾客群的注意。

（2）会员理事会首届理事职位请社会知名人士、社会活动家、商界名人等担任，以提升球会的档次，彰显球会的实力。

（3）制造机会与著名企业共同举办大型公共活动或促销活动，迅速提高球会的知名度。

（4）会员招募分批推出，并及时调整招募计划和入会费，使球会收益最大化，从而保证招募活动的成功。

（二）会员招募阶段规划

1. 准备期（会员制球会规划至开业前）

（1）利用各种新闻媒介普及会员制球会知识，宣传球会特征。

（2）吸引社会知名人士为球会出谋划策。

（3）广泛收集、分析、调研潜在会员的市场信息，建立相关档案资料。

2. 开业期（球会开业前后一段时间）

（1）前期组织球会理事会，通过名人参与，掀起公共宣传的高潮。

（2）根据市场情况分批投放会员证，以折扣率调控投放的价格与进度。

（3）通过会员介绍吸引新会员。

（4）联合其他经济、行业组织共同发行会员证，提高会员制的可信度。

三、 会员征集方式

（一）会议推广

会议推广是指通过定期组织会议的形式与顾客进行有效沟通，向其展示球会形象，传递球会活动信息，逐步增进顾客对球会的认知度、肯定度，最终促进购买的一种销售方式。

会议推广具有以下优势：易操作、成本低，能避开激烈的广告竞争；双向沟通，服务完善，与顾客面对面进行有效的沟通；交流感情，提高忠诚度；营造气氛，促进购买。

会议推广形式包括以下三种：

1. 户外促销活动

选择在广场等户外场所，以折价、赠送、现场展示等方式激发顾客的购买欲望。大型活动周期适宜为每月一次，每次活动应选择好主题，使主题对顾客具有吸引力，能够给顾客带来实惠。

2. 室内主题讲座

场地选择在影剧院、礼堂等，是对忠诚顾客、潜在顾客传播球会的主题活动。此类活动适合条件比较成熟的市场，目的在于提高球会的知名度，树立球会形象，把健康知识的传播与宣传有机地结合在一起，增强顾客对球会的信任度。

3. 客户联谊活动

选择在宾馆、招待所、会议室、球会现场等室内场地，邀请忠实顾客聚在一起，开展科普讲座、专家咨询、文艺表演、才艺比拼等活动。此活动适合于市场开发初期及成熟期，能在短时间内出销量，有利于市场推广。

（二）广告推广

市场经济的今天，广告发挥着越来越重要的作用，选择合适的媒体进行宣传推广，可以扩大球会的品牌知名度，有效扩大顾客群。球会招募会员时，应根据媒体的特性合理选择相关的广告媒体进行宣传，尽量以较低的成本达到最大的成效。广告媒体主要有报纸、杂志、广播、电视、网络和其他媒体。这些主要媒体在送达率、频率和影响价值方面各有差异。

（三）现场推广

现场推广能够在一定范围内迅速提高球会品牌知名度，使品牌销量实现质的提升。因此，现场推广可以使顾客较快接受球会品牌信息，是会员制球会征集会员最有效的方式之一。当球会拥有了一定的品牌知名度后，在人流较多的高级社区、高尔夫专卖店内做现场推广活动招募会员，既可以有效地吸引新会员，又可以节省大量成本。

要做好现场推广活动，一定要注意以下要点：

（1）确定活动主题。活动主题必须让人一目了然。

（2）确定目标客户。

（3）确定推广形式。确定推广形式时，不应被现有的模式束缚，而应该突破传统做法，从热点、焦点中找到一些引人入胜的方法。

（4）确定所需物品。仔细考虑举办现场推广活动所需的物品，并根据需要及费用预算列出详细的清单。

（5）确定参与人员。应该充分调动现场工作人员的积极性，使他们参与整个活动，而不仅仅让他们充当现场的一名服务员或解说员。

（6）布置现场。既要考虑美观大方、有吸引力，还要考虑现场的安全性和稳定性。

（7）现场推广活动实施。

（四）高尔夫球会营销造势手段示例

（1）免费体检计划。

（2）消费积分方案。

（3）文化主题活动。

（4）冠名体育比赛电视直播。

（5）冠名电视专题讲座。

（6）冠名高尔夫电视专栏节目。

（7）冠名报刊专栏。

（8）平面媒体系列报道及专访。

（9）邀请明星、政要作为荣誉会员。

（10）公益慈善活动。

模块二

案 例 分 析

外企主管陈小姐惬意地坐在机场贵宾室的沙发上，享受着咖啡、杂志，还有免费水果。以往的此时，她正忙着排队换登机牌、托运行李，急得满头大汗，但今天这些事情都由贵宾室的服务小姐代劳，等手续办好，还会有专门的小车送她登机。能够享受这一切，只是因为陈小姐成为高尔夫球会贵宾会员卡的忠实持有者。

自从加入高尔夫球会，陈小姐的生活增添了许多乐趣：坐飞机享受机场贵宾室、每月一次高尔夫球会活动、各种节日礼品、理财服务等，而这些全是免费的。此外，陈小姐还享受到贵宾诊室、专家诊疗等贵宾绿色健康通道服务。最让陈小姐难忘的是，一次商务晚宴时，她喝多了，不能自己开车，便拨打了球会客户服务热线。不到半小时，一个彬彬有礼的小伙子已在楼下停车场等候她了。这便是球会向贵宾会员推出的增值服务之一：酒后代驾车。它不仅给陈小姐带来了安全和便利，更为陈小姐赢得了尊荣与体面。

在陈小姐的号召下，半年之内几乎她的所有亲朋好友都成了球会的贵宾会员。

模块三

实 训 练 习

【实训内容】

1. 小组讨论高尔夫球会会员招募的方式
2. 谈谈如何有效征集高尔夫球会会员

单元十四

球会客户的投诉处理

学习目标

- 了解客户抱怨和客户关系断裂的原因，充分认识维持老客户关系的重要意义
- 掌握处理客户抱怨的策略和技巧，懂得如何建立客户投诉管理制度
- 熟悉服务补救的策略和修复客户关系的具体措施
- 培育更加贴近的客户关系

模块一

基础知识

一、 正确对待客户的不满和抱怨

（一）分析客户抱怨的原因

不满是客户由于自身的期望没有得到满足而呈现在心理和行动上的一种反应，通常表现为产生抱怨和提出异议两个方面。抱怨是客户对自己的期望没有得到满足的一种表述。

由于市场竞争日趋激烈，选择越来越多，因此，球会客户要求物更美、价更廉、服务更完善，然而商品的改进和服务的范围有限，球会客户产生不满便成为自然而然的现象了。对球会来说，客户抱怨是一个弥补服务或商品欠佳带来的损失、挽回不满意的球会客户的机会，可以称得上是客户送给球会的一份礼物，球会只需小心地打开这个特殊的礼包，再看看里面有什么，便能从中获益。造成球会客户不满的常见因素有以下几种：

1. 提供的产品不良

此时可以从制造商的制造责任、经营者的管理责任等方向加以追究。一般而言，次品的出现大多应归咎于零售商没有在进货、陈列、出售时加强对商品的管理，以至于球会客户产生不满。因此，为了不使客户买到次品，在售出商品之前，球会应当对商品进行仔细的检查，以确保产品质量符合球会客户的要求。事实上，客户一旦产生不满，球会想要重新建立值得信任的形象并不是简单的事，需要花费更多的时间、金钱和精力才可能改变。

2. 提供的服务不佳

此处所说的“服务”是指招徕球会客户的“服务方式”。球会销售的商品属于硬件物质，而服务是软件的“精神商品”，服务的好坏是球会客户满意与否的关键。

（1）应对不得体。球会客户对服务有所不满大多是由于球会服务人员在应对上不得体而产生的。例如，接待慢，搞错了顺序，甚至出现后来的客户已得到接待而先到的客户没有人招呼的现象；缺乏语言技巧，不会打招呼，也不懂得回话，说话没有礼貌、口气生硬；对商品的相关知识不足，无法满足客户的询问，等等。

（2）态度不好。例如，不理会球会客户的反应而一味地解释；只顾自己聊天，不接待球会客户；紧跟在球会客户身后，唠叨地怂恿球会客户购买产品；球会客户不买时，马上板起面孔；强迫球会客户购买；不愿意将展柜中陈列的精美商品拿出来供球会客户挑选；看不起球会客户，言语中流露出蔑视的口气，尤其是当那些衣着朴素的球会客户在挑选商品的过程中表现出犹豫不决或试图压低价格时，便用“买不起别买”之类的话来羞辱球会客户；表示对球会客户的怀疑；对球会客户挑选商品表现出不耐烦，甚至冷嘲热讽，等等。

（3）球会服务人员自身的不良行为。例如，在工作时抱怨现在的工作环境、待遇等；随意评价、议论球会客户；衣着不整，浓妆艳抹，纪律性差；服务人员之间发生争吵，互相拆台等。

（4）说明不足。例如，对商品的使用说明不够详细，以至于客户没用多久便坏了；对商品说明不实，以至于客户买错了商品，等等。

（5）金钱上的疏忽。例如，少找了钱；向球会客户多要了钱，等等。

（6）礼品包装不当。例如，忘记撕下价格标签，使客户尴尬；弄错了贺卡的内容等。

（7）不遵守双方的约定。例如，球会客户依照约定的日期前来提货，却发现商品还没有订购；球会客户要求把球裤的裤管裁短，过了约定时间却仍没弄好。

（8）运送不当，招致抱怨。例如，货物送得太迟或送错地方；商品污损，等等。

（9）商品标示与内容不符。例如，标签上标示为红色的毛巾，拆开后却发现是蓝色的毛巾；盒子上写着“五个”，打开后却发现里面只有四个，等等。

（二）客户抱怨是球会建立客户忠诚的契机

不要认为没有客户抱怨就没有不满意的客户，实际上可能出现球会客户觉得与其向球会抱怨，不如离开或减少和避免再次打交道的情形。通常一个客户的抱怨，代表着另外二十五个没有向球会抱怨的客户的心声。有研究表明，提出抱怨的客户，若问题得到圆满解决，其忠诚度会比从来没有抱怨的客户高。球会服务人员解决问题的友好态度，会让客户有依赖感，为未来的合作奠定基础。我们可以看一下麦肯锡公司曾对客户抱怨所作的统计数字：有了大问题但没有抱怨的球会客户，有再度惠顾意愿的占 9%；有了大问题会抱怨的球会客户，不管结果如何，愿意再度惠顾的占 19%；抱怨并获得圆满解决的球会客户，有再度惠顾意愿的占 54%；抱怨并快速获得圆满解决的球会客户，有再度惠顾意愿的占 82%。

由此可见，球会客户有抱怨是好事，因为与球会客户关系淡漠的一个信号就是球会客户不再抱怨了。没有人是永远满意的，尤其是一段时间后，球会客户不是有话直说，就是再也联系不到了。对球会来说，有客户抱怨，说明球会还是被市场关注的。正确对待和解决客户的难题是球会生存和发展的关键。客户是球会在市场竞争中的“法官”，可以决定球会的存亡，所以，客户的意见和脸色就是球会经营的准绳。客户不满的原因正是球会问题所在，如果及时解决了球会中存在的问题，完善了球会服务，使客户从不满意转变为满意，那么就不会失去原来的客户。若球会长期积累这些客户，那么他们会逐渐成为球会忠诚的客户群。然而，球会服务人员若将客户的不满置之不理或对客户恶言以向，那么就等于减少自己的市场。不被市场关注就意味着球会被“判了死刑”。

球会服务人员是球会的化身，每一个球会服务人员接触每一位客户时，客户会对该服务人员形成一种感觉。“不满意”的存在是球会成长中的必然因素，客户对球会的批评、指责是球会“治病”的“良药”，能使球会逐步完善自身的制度和措施并健康成长及壮大。

1. *以微笑应对球会客户抱怨的技巧*

客户的抱怨对球会来说，其危害性是不容轻视的，因为抱怨将给客户以极大的消极心理刺激，使客户在认识和感情上产生对球会服务人员甚至对球会的对抗。一个球会客户的抱怨可以影响一群球会客户，这比广告宣传更具威力。抱怨直接损害产品与球会的形象，为此，保持微笑应对客户的抱怨是十分必要的。俗语说，“伸手不打笑脸人”，球会服务人员真诚的微笑能化解客户的激愤情绪，满怀怨气的客户在面对春风般温暖的微笑时会不自觉地减少怨气，进而达到双方满意的结果。

2. 以重视的态度应对球会客户抱怨的技巧

球会服务人员在应对客户的抱怨时，一定要以重视的态度来对待。试想一下，在为了满足需求的前提下，谁最有理由抱怨需求没有得到充分满足呢？当然是客户。作为购买者的客户完全有理由抱怨，哪怕他们的抱怨并不那么正确。只要把客户的需求作为基点，把服务工作作为变点，一切疙瘩都容易解开。顺着这一思路，只要以不变应万变，就不会在洽谈中窝着冤枉气，也不会争辩真理究竟在谁手里，比试一番谁强谁弱。以不变应万变，这是球会服务人员对待和处理客户抱怨的基点。

3. 以非语言沟通应对球会客户抱怨的技巧

在聆听球会客户抱怨的同时，积极地运用非语言沟通，努力平息球会客户怒气，可以促进客户对球会的了解。例如，用眼神关注球会客户，使他感到被重视；在客户讲述过程中，不时点头，表示肯定与支持。这些都可以鼓励客户表达自己真实的想法。此外，还可以用敬重的方式，如友善地握手，给人以诚相见的印象。正确的握手姿势与力度，可以控制抱怨的球会客户的情绪，起到镇定的作用，阻止对方可能指手画脚的“企图”，使得双方动口不动手。客户如果一时拒绝握手，球会服务人员必须以存亡的高度来对待客户的抱怨，切不能以个别客户抱怨无关大碍的麻痹心理来应对客户。如果轻视客户的抱怨，不仅有损球会服务人员个人的形象和信誉，而且将影响球会的信誉，甚至可能给球会带来极大的损失。

4. 以移情的方式应对球会客户抱怨的技巧

客户抱怨的时候，总喜欢寻求旁观者的支持，也就是说，抱怨时，现场的人越多，客户的指责就越苛刻、越离谱，这是客户的一种普遍心理。遇到这种客户，球会服务人员应迅速将当事人带离现场，到办公室或人群稀少的清静处商谈问题，切莫在公众面前与之争辩，因为在大庭广众面前，球会服务人员纵有千百个理由解释说明，客户也会认为自己“得道多助”。应急的一个办法是当面请客户谅解，这是与客户联络感情的有效方式。如果客户还不能表示完全的理解，球会服务人员至少应该在某一点上持请求谅解的态度，用“多亏您的指点……”“您有理由不高兴……”“对这个问题我也有同感……”“感谢您对这个问题的提醒……”之类的话，这往往使抱怨的客户息怒消气。

5. 以拖延方式应对球会客户抱怨的技巧

如果球会服务人员对客户的抱怨一时找不到缘由，或者有些抱怨根本不能成立，或弄清了缘由但一时无法解决，那么，此时应对球会客户抱怨的最好办法就是拖延了。

碰到此类情况，老练的球会服务人员大多采取拖延的办法，把眼前的纠纷搁置一旁，暂缓处理，例如答复对方："我马上去您那了解一下情况，明天给你回音"；"我们再研究研究，保证解决您的问题"。遇到冲动而性急的客户时，切记不要急于马上着手处理其抱怨，草率行事。球会服务人员可以停顿一下，先与客户谈点别的话题，如天气、社会新闻、对方情况等，目的是使客户平心静气地提意见、理智地谈问题。这种方法能有效处理客户的抱怨。

二、 服务补救策略实施

（一）跟踪并预期补救良机

球会需要建立一个跟踪并识别服务失误的系统，使自身掌握挽救和保持客户与球会关系的良机。有效的服务补救策略需要球会通过听取客户意见来确定服务失误之所在，不仅被动地听取客户的抱怨，还要主动地查找那些潜在的服务失误。市场调查是一种有效方法，诸如收集客户批评、监听客户抱怨、开通投诉热线以听取客户投诉等。有效的服务担保和意见箱可以使球会发现系统中不易觉察的问题。

（二）重视客户问题

出现问题时，最有效的补救是球会服务人员主动出现在现场，承认问题的存在，向客户道歉（在恰当的时候可加以解释），并将问题当面解决。解决的方法有很多，如退款、服务升级等。

（三）尽快解决问题

一旦发现服务失误，球会服务人员必须在失误发生后尽快解决问题，否则，没有得到妥善解决的服务失误会很快扩大并升级。在某些情况下，还需要球会服务人员在问题出现之前预想问题并予以杜绝。例如，某航班因天气恶劣而推迟降落时，服务人员应预想乘客们会感到饥饿，特别是儿童。此时，空乘人员应向机上饥饿的乘客们说："非常感谢各位乘客的合作与耐心，我们正努力安全降落，机上有充足的晚餐和饮料。如果你们同意，我们将先给机上的儿童准备晚餐。"乘客们听后表示赞同，因为他们知道，饥饿、哭喊的儿童会使情况变得更糟。空乘人员因预见问题的发生，而使问题在扩大之前被杜绝。

（四）授予一线球会服务人员解决问题的权力

对一线球会服务人员而言，他们需要进行特别的服务补救训练，以掌握服务补救的技巧，拥有服务补救的权力和随机应变的能力。有效的服务补救技巧包括认真倾听客户抱怨、确定解决办法等。一线球会服务人员必须被授予使用补救技巧的权力，当然，这种权力只是在允许范围内，用于解决各种意外情况。一线球会服务人员不应因补救行动而受到处罚；相反，球会应鼓舞、激励其大胆使用服务补救的权力。

（五）从补救中汲取经验教训

服务补救不只是弥补服务裂缝、增强与客户联系的良机，而且是一种有价值但常被忽略或未被充分利用的具有诊断性的能够帮助球会提高服务质量的信息资源。通过对服务补救整个过程的跟踪，球会管理者可发现服务系统中一系列亟待解决的问题，并及时修正服务系统中的某些环节，使“服务补救”现象不再发生。

模块二

实 训 练 习

【实训内容】

1. 小组讨论客户抱怨和客户关系断裂的原因，充分认识维持老客户关系的重要意义

2. 掌握处理客户抱怨的策略和技巧，建立客户投诉管理制度

单元十五

高尔夫用品营销

学习目标

- 了解国内高尔夫用品市场的分类
- 掌握高尔夫用品专卖店作商品规划时需注意的问题
- 了解高尔夫球具店的选址和类型以及服务的要求

模块一

基础知识

一、高尔夫用品

图 15－1 部分高尔夫用品

高尔夫用品包括球杆、高尔夫球、球包、服装、球鞋、球帽、手套、配件等，如图 15－1 所示。

（一）球杆

高尔夫球杆由杆头、杆身、握把组成。杆头和杆身被喻为球杆的灵魂和心脏。一套球杆最多可携带 4 支木杆、9 支铁杆及 1 支推杆，合计 14 支。整套球杆的组成视个人的喜好而定。

1. 球杆类型

（1）木杆。发球木杆：击球距离最远，用于开球。球道木杆：可用于发球，但主要用于球道击球。

（2）铁杆。①长铁杆：出球距离约 140～250 码，具体情况因人而异。②中铁杆：击球距离约 100～170 码，具体情况因人而异。③短铁杆。短铁杆是击球距离在 120 码以内的杆，包括 PW、AW、SW。PW：打球后，球飞得较高且易于打逆转球，以控制球尽可能接近洞口，故亦称劈起杆。AW：功能和 PW 相近，但因倾角较大，击球距离比 PW 短。SW：用于在沙坑中击球上果岭，故被称为沙坑杆。

（3）推杆。当球被打上果岭后，高尔夫运动规则只允许用推杆打球入洞。

（4）铁木杆。它也被称为万能球杆，是介于木杆和铁杆之间的球杆，属于混合材质型球杆，可以作为一、二、三、四、五号铁杆的替代品。适合喜欢铁杆的感觉，但又留恋木杆的容错性和可打性的爱好者。

2. 球杆规格

（1）杆身硬度：合适的杆身硬度能增加飞行距离和方向稳定性。美规球杆有 S、F、R、L。日规球杆有 XS、S、SR、R、L。

（2）动态平衡点。球杆的重轻概念有两种：一种是总重量，另一种是重量平衡。受杠杆原理的影响，挥杆时，长的球杆感觉较轻，短的球杆感觉较重。球杆分为不同的挥杆重量，是为了适应每位球手的挥杆速度。挥杆速度越快，需要选用挥杆重量越大的球杆。

（3）扭矩。扭矩是将杆身的扭转幅度进行数值化的具体表示方法。通常情况下，扭矩小的杆身相对较硬，适合中、低差点选手；扭矩大的杆身相对较软，适合高差点选手或初学者。

（4）杆面倾角。杆面倾角影响高尔夫球的飞行方式和弹道。以杆底平面为基准，杆面倾角度数为直角减去杆面与杆底的夹角或铅垂面与杆面切面的夹角。

（5）杆头体积。杆头体积一般为杆头的完整体积。将杆头的体积加大，可以增强球杆的容错性。同时，杆头体积大，可增加有效击球区域及击球稳定度。

（6）反弹角。反弹角是指杆底与水平面的夹角，其大小会影响杆头是否容易嵌入草皮及地面。通常较大的反弹角可帮助杆头滑过草皮或沙，而不是嵌进地面；较小的反弹角则适用于较硬的表面。

（7）着地角。着地角是指把球杆拿起来后，将杆底平放时，从杆颈到地面所形成的角度。

（8）甜蜜点。甜蜜点是指球在承受最大冲力时，能与球杆面撞击接触的最大面积。击中高尔夫球后，甜蜜点可以把球准确地击打出去，并能使球获得最稳定的飞行距离。

（二）高尔夫球

高尔夫球是用橡胶制成的实心球，表面裹一层胶皮后涂上一层白漆（现在也有打彩球）。球的直径为 42.67 毫米，重 46 克。高尔夫球从结构上可以分为单层球、双层球、三层球、四层球和五层球等。

图 15－2 Titleist 的 Pro V1 系列高尔夫球

图 15-3 高尔夫球包及套杆

(三) 球包

球包分为标准球包（又叫车包)、职业球包、支架包、枪包、航空包等，主要是为球手提供方便，因而球包除具备收纳性外，还能保护球杆，安放琐碎装备。球包除了是收纳球杆的容器外，还是球手塑造自我个性的工具。对球包的选择，在某种程度上也展示了球手的品位，是其精神层面的一种展现。此外，包类产品还有背包、鞋包、衣物包、收纳包等。

(四) 服装

高尔夫服装具有以下特点：不妨碍挥杆和推杆动作，尺寸合身，穿着舒适，衣料质地柔软轻便，吸汗能力强。高尔夫服装分上装和下装，从内衣到T恤、从春夏装到秋冬装，都有专门针对这项运动而设计的服饰，并有专门的品牌群，自成体系。

(五) 球鞋

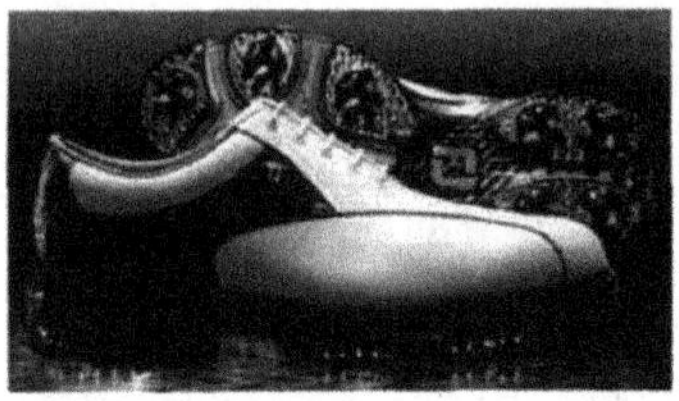

图 15-4 Foot Joy 球鞋

高尔夫球鞋的形状、材质、结构和配件都有别于普通运动鞋。高尔夫运动作为一项绅士运动，下装通常为西裤，为了着装搭配，高尔夫球鞋通常为皮鞋造型，但其本质上还是运动鞋。高尔夫球鞋通常有橡胶或塑料爪状鞋钉，以确保球手在湿滑草地上站得稳，但同时不至于损坏场地草皮，也有助于球手在不平坦的路面行走和防滑。另外，由于草地通常有露水，因此球鞋一般具有防水透气的特性。高尔夫球鞋通常有专业球鞋和休闲球鞋两类，并且有相应的品牌。

(六) 球帽

球帽作为高尔夫礼仪的一项重要装备，其象征性及作为广告载体的特性已经超越了它本身的实用价值。高尔夫球帽的实用价值主要为防晒和保暖，因此要求具有轻便、吸汗、透气、快干的特性。球帽一般作为各球具供应商的附加产品，很少有独立的品牌。

（七）手套

在高尔夫运动中，为改善握把效果，球手通常会戴上手套击球。右手型选手一般将手套戴在左手，左手型选手则戴在右手；而女性球手一般左右手都戴。高尔夫手套是专门针对运动特点设计的，轻便、耐磨、透气、舒适，而且有专业品牌。

（八）配件

高尔夫运动中，其他用品类型繁多，统一归为配件，包括球衣、毛巾、袜子、雨具（伞、雨衣）、鞋钉、教辅器材、防护用品（太阳镜、防晒霜等）等。

二、 连锁经营

连锁经营是一种商业组织形式和经营制度，指经营同类商品或服务的若干个企业，以一定的形式组成一个联合体，在整体规划下进行专业化分工，同时在分工基础上实施集中化管理，把独立的经营活动组合为整体的规模经营，从而实现规模效益。连锁经营这一模式的实质是企业运用无形资产进行资本运营，是实现低风险资本扩张和规模经营的有效方法与途径。这也是连锁经营得以迅速发展的根本原因。

高尔夫运动产业规模最大的两个市场为美国和日本，因此高尔夫用品的核心产品——球杆，有美规和日规的区别，主要表现在杆身的软硬度和长度上。

作为高尔夫运动的主力市场，美国拥有超过 2 万个球场；高尔夫用品零售店超过 4 万家，其中以小型球会店、练习场店和工坊为多数。

高尔夫用品专卖店以三家大型高尔夫零售公司为主，它们是 Golfsmith、Golfware - House、Galaxygolf。这三家公司旗下商店不仅销售球杆、衣服、手套、球鞋、球帽等常用物品，也可以买或换杆身、握把、杆头等部件，还可以买到教学光盘、书、期刊等用品。另外，这些店还提供球杆的维修服务，为客户定做球具或者带客人到户外试打等，对其出售的球具提供长期的售后服务。

其中，Golfsmith 拥有超过 78 家店铺，Golfware - House 拥有超过 70 家店铺，Galaxygolf 有超过 80 家店铺。截至 2011 年 6 月，Golfsmith 当年的第一、二季度销售收入已达到 2. 11 亿美元，单店月均销售收入为 40 多万美元。

美国由于高尔夫运动的普及，市场规范，各高尔夫品牌及零售商已经形成成熟的营销和连锁经营模式及体系。目前国内几个知名的高尔夫用品销售企业，如 Reagle、德霖、迈达康、壹佰高尔夫、200golf 等，仍是批零兼营，以批发为主。

三、 国内高尔夫用品市场的基本情况

（一）国内高尔夫用品品牌简介

国内高尔夫用品可分为三大类：球具、服饰、配件，每类产品都有专业的品牌供应商，且这些供应商多为国外品牌。

1. 球具品牌

球具品牌主要集中在美国和日本两个全球最大的高尔夫市场，种类繁多。国产品牌目前只在低端市场销售，尚未进入主流市场。

（1）Taylormade。Taylormade 是 1979 年创立的美国品牌，1998 年被收购，成为 Adidas 旗下的高尔夫品牌。Taylormade 屡有经典问世，其 R7 系列至今仍被奉为经典，市场占有率最高。

（2）Callaway。1982 年于美国创立的专业球具品牌，在高端市场的占有率领先。

图 15－5　Taylormade 品牌标志

图 15－6　Callaway 品牌标志

（3）Titleist。1910 年于美国创立的专业球具品牌，其生产的 Pro V1 系列高尔夫球，全球销量第一，成为职业比赛选手的用球首选。

图 15－7　Titleist 品牌标志

（4）NIKE。NIKE 作为全球最大的体育品牌，独立研发了 NIKE GOLF 系列产品，并且借助其强大的品牌运作实力，与高尔夫第一名将伍兹签约。伍兹成为其品牌代言人。NIKE GOLF 球具在中端市场的占有率领先。NIKE 生产的高尔夫球在国内市场的占有率也领先。

图 15－8　NIKE GOLF 品牌标志

（5）HONMA。日本球具品牌，在日本本土占有率不高，但由于在中国营销推广成功，因此 HONMA 在我国被视为奢侈品的代名词。HONMA 的五星系列产品中，一套球具售价需 70 余万元人民币，在中国高端市场占有率领先，成为送礼、馈赠首选。

图 15－9　HONMA 品牌标志

（6）其他。Cleveland 是美国专业球具品牌，其挖起杆（沙坑杆）最为出名且市场占有率领先。PING 是美国的专业球具品牌，其推杆最为出名，市场占有率领先。BRIDGESTONE 是日本专业球具品牌，其高尔夫球在日本市场占有率最高，球具也在日本市场占有率领先。

图 15－10　Cleveland 品牌标志

图 15－11　PING 品牌标志

图 15－12　BRIDGESTONE 品牌标志

2. 服饰品牌

高尔夫服饰分为服装和球鞋。

（1）Ashworth。美国高尔夫服装品牌，市场占有率第一，为高端高尔夫服饰首选。

图 15－13　Ashworth 品牌标志

图 15－14　Munsingwear 品牌标志

图 15－15　Le coq sportif 品牌标志

（2）Munsingwear。美国高端高尔夫服饰品牌，市场占有率领先。

（3）Le coq sportif。法国公鸡旗下的高尔夫服饰品牌，市场占有率在法国市场领先。

（4）NIKE 作为体育用品综合供应商，其服饰及球鞋均在市场上占有重要地位。

（5）Adidas 作为体育用品综合供应商，其服饰及球鞋在市场上均占有重要地位。

（6）Titleist 旗下球鞋在高尔夫球鞋全球市场占有率第一。

（7）Ecco 作为奢侈品牌，其客户群与高尔夫运动的目标人群重合。得益于其精湛的制鞋工艺及品牌知名度，Ecco 在国内高尔夫球鞋市场的占有率领先。

3. 配件品牌

高尔夫配件大致可分为包类、手套、帽子、T 恤、培训器材等，大部分配件均作为球具或者服饰品牌的辅助产品，品牌与上述重复，故不赘述。

（二）国内高尔夫用品市场分类

1. 按渠道级别分

（1）品牌公司。即国际品牌公司在国内设立的品牌管理公司。国际知名品牌大都在我国国内设立了品牌公司负责其品牌经营和市场维护。

（2）品牌代理商。品牌公司在国内按区域授权代理商进行相关的市场拓展和分销活动。品牌若未在国内设立直营公司，也会授权设立中国总代理，负责其品牌维护和市场拓展。

（3）一级批发商。由代理商直供货品给区域性的经销商，再由该经销商负责其区域内的产品分销，目标客户群为各零售商。

（4）二级批发商。部分零售商已在区域内形成规模，有时候会召集区域内的零售商集中采购，因此升级为二级批发商，一般是批发和零售兼营。

（5）零售商。种类较多，直接面对终端客户。

2. 按渠道类别分

（1）球场店。一般位于高尔夫球场的球会内，因此较为偏远，客户以球场会员为主，高尔夫球、二手高尔夫球、高尔夫服装、高尔夫球鞋、高尔夫配件为其主力销售品类。

（2）练习场店。一般位于高尔夫练习场内，因此位于市区，客户有会员和初学者，球具、配件为其主力销售品类。

（3）小型综合店。一般由高尔夫从业人员开设，在高尔夫球场或练习场周边开设，也有开在闹市区次级商圈的。其客户主要以店主的关系圈子为主，陈列简单，品类少，可根据客户需求临时向批发商进货。小型综合店成本低，且由于店主可提供一对一服务，因此是国内高尔夫用品销售的主力市场之一。

（4）品牌专卖店。一般设在高尔夫商城、高档酒店、机场、高档球会、高端百货商场等里面，客户主要为高消费人群，店内经营专一品牌产品，球具和配件为主力销售品类。

（5）高尔夫商城。因小型综合店和品牌专卖店聚集而自然形成的高尔夫用品商城，也有部分是由零售商单独经营的多个品牌专卖店组成。

（6）网络商城。近年来随着网络购物技术的成熟，高尔夫网络商城成为市场上崛起的一种新力量，不容小觑。高尔夫网络商城有零售商单独开设的，也有作为高尔夫品类供应商进驻京东等网络商城的。

（三）国内高尔夫用品销售平台情况

国内高尔夫用品销售平台主要指高尔夫零售企业凭借其拥有的渠道资源而组建的高尔夫用品销售体系。因此各零售企业可以按前文所言渠道中的一种或多种搭建销售平台。

迈达康2000年于台湾成立，原是一家高尔夫电子商务的网络公司。2004年在台湾上市，2008年进入大陆开设小型高尔夫商城。目前大陆迈达康品牌的小型高尔夫商城有12个，批零兼营，年销售额在1亿元左右，主要销售Taylormade、NIKE、Callaway、Titleist、Maruman、Mizuno、Ecco等品牌。

德霖2008年于北京成立，2009年成为Maruman品牌的中国总代理。目前国内德霖品牌的小型高尔夫商城有11个，批零兼营，年销售额在1.2亿元左右，主营Maruman、S－Yard、Akira、HONMA等品牌。由于德霖公司拖欠货款，因此Maruman品牌方于2010年10月开始停止向其供货。但是，中国市场上依然源源不断地出现Maruman新品球具。经调查，德霖未经Maruman授权而擅自委托OEM工厂仿照生产日本市场上销售的Maruman球具。Maruman品牌方于2011年4月27日就德霖公司侵害商标权纠纷案件正式向上海市浦东新区人民法院提起诉讼。此案件对德霖的信誉造成极大负面影响，也从侧面反映了国内高尔夫市场的乱象。

高尔夫地带成立于2003年，为高尔夫全程服务商，其业务涉及球场营建、球场经营、会籍营销、球场预订、房地产、高尔夫用品销售等。高尔夫地带在全国有15个小型商城，批零兼营，年销售额在1亿元左右，主营Taylormade、NIKE、Callaway、HONMA、Titleist、Maruman、Mizuno、Kasco等。

壹佰高尔夫成立于2006年，是一家网络商城与实体连锁店结合的高尔夫用品销售平台。壹佰高尔夫网上商城是国内目前销售规模最大的高尔夫网上商城，在全国有实体店5个，批零兼营，年销售额在8 000万元左右，主营PGATour、Taylormade、NIKE、Callaway、HONMA、Titleist、Maruman、Mizuno等品牌。

四、 专营店经营销售

（一）专卖店经营的商品结构

1. 主力商品

高尔夫用品种类和品牌较多，一个专卖店不可能经营全部的产品，所以，每个专卖店要根据球会定位和目标客源来确定自己的主力商品。主力商品应该是在市场上具有竞争力的商品。其竞争力可从两方面看出：一是可以通过球具市场上占主导的品牌来体现，如Callaway、Mizuno、NIKE、Titleist、Taylormade、Dunlop、Pecover、King、PING等。二是可以通过球具类别来体现，如服装、球鞋等。在球具店较为集中的地区，突出主力商品可以实现差异化经营，强化自身特色。

2. 辅助商品

辅助商品是对主力商品的补充，起陪衬作用，但可以增加顾客选择权，丰富商品内容。辅助商品的配备应随季节变化和流行趋势而调整。

3. 关联商品

关联商品是在用途上与主力商品有密切关系的商品，主要是方便顾客购买，同时有利于扩大商品的销售。

（二）商品规划要注意的问题

（1）经营球具用品必须做好市场的调研，分析目标客源的需求，进行商品规划定位。商品规划是根据市场状况提出关于商品的构成规划，如类型、价格及数量。专卖店面向的顾客相对稳定，所以在产品选择时不能“贪大”，要把专卖店有限的资源用到符合目标客户需求的产品上，使这些产品成为自己的优势。

（2）在规划商品时必须把握客户的特点。根据客户需求组合进行产品选择，并根据客户的球场消费特点引导消费。

（3）高尔夫产品具有技术或艺术等方面的先进性，特别是球杆和球的技术含量越高，对击球的距离和方向的作用越大。球手们对具有先进性和高品位的产品会表现出更深厚的兴趣和购买意愿。

（4）球手的需求符合社会时尚和潮流，在新款服装、球具面市时具有巨大的购买力。时尚产品能满足球手们的精神或情感需求，并影响他们的购买决定。另外，在确定范围内，选择产品的品种、规格、质量除基本的功能外，还应当注意客户的需求动向和购买习惯的变化，掌握商品的流行趋势，使之符合时尚和潮流发展的需要。

（5）高尔夫球具、服装等新款推出的周期越来越短，市场变化越来越快。因此要做到既保持充分的供应量，又不能出现滞销。

（6）球手消费水平高，最关注的是球具品质。品牌球具具有稳定的产品品质，因此球手往往比较信任，认可程度更高，并愿意支付更高的价格。品牌球具具有获得超额利润的溢价能力，产品具有魅力和市场竞争力更容易在专卖店的销售中引起注意，获得销售的成功。品牌球具能为球具店带来持续和超额的利润。

（7）防止不合格产品进入球具店。目前，国内高尔夫球具市场上，假冒伪劣产品盛行，如果没有严格把关，这些劣质产品将破坏球具店的形象。现在一些球手已开始从香港或国外购买高尔夫正品球具。这种现象表明，人们对国内专卖店出售的产品的质量开始不信任了。

（三）高尔夫球具店的选址

高尔夫球具店面向特定的消费群体，所以选址比较容易。

1. 球会、练习场内

一般高尔夫球具店会选择在高尔夫球会和练习场内设置，因为球会和练习场是与高尔夫消费市场最终消费者联系最为紧密的一个平台，直接接触最终客户，所以球具店无须花费很多财力和人力去进行产品的宣传、吸引顾客上门、寻找客源，可以为球具店节省投资成本，获得更多利润。

2. 高尔夫球场附近

球具店设立在进入高尔夫球场道路的两旁或附近，最大的好处是可以给高尔夫爱好者提供方便。

3. 高级商业区

在高档购物商厦、高星级酒店（五星或五星以上）设置球具店，主要是面向高档消费客户和成功的商业人士。

4. 高档住宅区

中产阶级一般都偏好购买高档住宅，以显示自己的身份，所以，在高档住宅区设立高尔夫球具店，拥有密切贴近消费群体的特点。

（四）高尔夫球具店类型

高尔夫球具店一般不是直接的生产者，而是以零售商或者代理商的角色处于分销渠道的中间环节。高尔夫球具店通过打通与生产者之间的通道，以及与消费者之间的通道来实现企业的利润。

1. 自营销售模式

著名高尔夫用品企业通过开设自营店，专卖自己的产品。自营销售模式是最能够节省成本的，且利润空间大。自营店的拓展需要考量有商业价值的地理位置，用科学的计量方法测定预计销售情况。以自营为主要渠道模式的企业，需要拥有雄厚的实力，包括品牌优势和产品质量。自营销售模式的渠道拓展中常常会出现价格问题，这需要渠道拓展专员和销售人员联合解决。

2. 代销模式

市场上的球具店多是品牌代理店，同时代理多种高尔夫球具品牌。这种代销模式通常是国内代理商将产品交由球场专卖店或百货商场代为销售，然后专卖店跟品牌总代理商各按比例拿销售提成，这在品牌进驻专卖店签订的合同里会有所显示。这种渠道模式使用频率最高，约有70%，大部分品牌都采用此模式进行市场拓展。

以代销模式进行渠道拓展，渠道拓展专员需要选择有实力的分销商，加强与分销商的客情维护，并与片区经理进行分销维护，加强对终端销售人员的激励和培训。

分销商问题和供货问题是供销模式渠道拓展中急需解决的问题。目前在国内只设有区域代理商和普通经销商，它们统一对全国进行市场和销售支持，统一培训，统一对不同区域的市场价格进行协调。

3. 购销模式

采用购销模式时，销售直接面向终端客户，根据其需求来采购产品，因而能够及时转移产品所有权，降低高尔夫用品企业产品积压的风险，节省交易成本。购销模式对高尔夫用品企业来说是一种有利的销售模式。

五、 进货渠道管理

选择进货渠道要考虑三要素：一是供货商的信誉好，确保其所供应产品的质量可靠、正宗；二是商品的品种、数量、花色、规格等有保证；三是考虑供货条件、距离、交通费用等。

高尔夫球具店的进货渠道，归结起来，主要有以下几种：

（一）直接渠道

直接渠道就是直接从商品的原生产厂家进货。直接渠道可以降低进货价格，利润空间大；采取直属管理，能有效防止假冒伪劣产品。全球知名的高尔夫用品品牌公司纷纷在中国设厂加工，目前中国已成为仅次于美国的世界第二大高尔夫球具生产国，每年以30%的平均速度成长。然而，全球知名品牌对球具生产的数量和质量有严格控制，专卖店一般不能从厂家直接购进这类货。只有高尔夫用品企业设立的销售机构通过开设自营店，专卖自己的产品，才能实现直接渠道。

（二）固定渠道

全球知名品牌的球具店在中国设立自己的代理商，为了防止假冒产品，它们对货源的渠道加强控制，款式、品种统一上市。企业采用固定渠道，就是选择资信好、生产能力强、商品质量高的供货商，与它们建立长期合作关系。其优点在于：固定进货渠道可以通过良好的合作关系规范采购活动，适时保障市场供应，也可通过长期的合作关系使买卖双方受益。缺点是：经过一层接一层的供货商渠道，客观上提高了球具的成本，使得价格居高不下。知名品牌建立垂直管理的连锁专卖系统，可以大大增强对市场和渠道的掌控能力。进货渠道清楚，管理规范，每一支球杆都对杆身、杆头的生产地以及组装地标明得一清二楚，能够严把产品质量关，并对进货渠道建立可追溯制度和责任追究制度。

（三）区域渠道

目前，国外品牌在我国市场占主导优势，消费者对国外品牌的认可度高，所以大多数球具店都经营外国品牌的产品。各地市场对球具用品的需求不同，需求量较大的地区，知名品牌球具企业会建立独具特色的商品货源代理或直销店。区域渠道进货策略是球具店根据自身的经营需要，从知名品牌商品区域总代理的渠道进货。选择有特色的商品货源作为进货渠道，可以进行细致的比较，择优而购。

（四）加盟

加盟高尔夫用品网络会员专卖店，由总部进货，可以保证进货质量和统一的价格。总部是一个大型的集团采购平台，通过直接与生产厂家建立合作关系，以较低的价格获取进货渠道优势。各特许经营专卖店则是终端销售系统，这样就减去了批发商和经销商的中间差价，各店接受统一的管理，更有利于经营。采用特许经营模式可以有效降低经营成本，直接让消费者受益。

（五）网上进货

直接从中国高尔夫球网等进货，由于网络的便利、信息的快速传播而使进货的渠道更加广泛，选择的范围也相应扩大，但商品的质量没有保证。球具店应进行有效的渠道管理，与经销商建立长期的合作关系，按目的地进货，避免资源浪费。

六、 进货原则

（一）勤进快销

在采购活动中做到公正、诚实、原则性强，有效履行岗位职责，增强供应单位之间的关系。高尔夫球具用品每年都有新款面世，专卖店必须以较少的资金占用，经营较多的品种，加速商品周转，避免积压。

（二）诚实守信

诚实，保证产品的正宗和品质；守信，遵守经营合同，与供货方互相依赖和支持，不允许接受礼物和收取回扣。如果一个采购员接受供货单位几十元乃至上百元的礼品，就有可能使企业每年在采购过程中多付出几万元或几十万元的费用。

（三）以需定进

专卖店的经营业务是围绕着商品这个核心而展开的。采购产品过多会造成积压和大量的库存，也会影响现金的周转，而且球具款式更新速度快，老款球具会随新款的面市而加快降价速度，因此过多积压会使球具店遭受损失。保证进货渠道畅通，根据市场需要数量来进货成为关键。

七、 存货管理

（一）入出库管理

（1）根据商品销售情况，由专卖店提出采购计划，经店面经理审核后报总经理批准，纳入财务收支计划，由采购部门负责实施采购。

（2）商品到店后，按质按量组织验收。入库商品的供货商、入库时间、物资名称、规格型号、数量、单价、金额、交货人、承运人和验收入库人等栏目均应逐一填写，不得漏项。当前，验收货品的目的是防止假冒伪劣商品进入专卖店。

（3）质检部门验收合格的产品，应加盖合格章，由保管员按规格、品种分类入库。质检员、保管员和当班生产经理均应在入库单上签字。

（4）对于商品数量短缺、品种质量不符等问题，应明确责任，立即作退货处理，由此而造成的损失由采购人个人承担。

（5）货品出库应履行审批手续，填写出库单并办理相关手续，仓库保管员凭出库单据实发货。

（二）库存管理

1. 保管员日常工作

建立各种存货保管明细账，依据出入库单进行账簿登记；经常与财务核对账目，实地盘点实物，保证账实相符。物资要堆放整齐、标签清楚、计量准确、存放安全。保管员对存货的安全和完整负责。

2. 盘点工作

库管、采购、财务等实地盘点存货；查找盈亏、积压的原因；编制盘存表，提出处理意见；参与清查的人员应在盘存表上签字。

八、 商品陈列管理

球具店应设计成为吸引顾客的观光点，成为顾客了解球具最新信息的地方。商品陈列是进行商品介绍和商品宣传的综合性广告艺术形式，对商品的展示与销售具有举足轻重的作用。球具店的陈列管理可以从以下三方面入手：空间布局；商品布置；商品陈列。

（一）空间布局

空间布局包括商品陈列的场所，店员服务空间及顾客参观、选择和购买商品的空间。布置专卖店店面时，要考虑空间的最大化利用，主要从以下方面考虑：商品的样式和功能；灯光的排列和亮度；通道的宽窄；收银台的位置和规模等。

店面的布置最好留有依季节变化而进行调整的余地，使顾客有新鲜和新奇的感觉。一般来说，专卖店的格局需要每三个月更新一次。大多采用开架陈列布置，向顾客发出“店员不对顾客推销商品”的信息。

（二）商品布置

1. 突出主力商品

根据商品的关联性分类，将主力商品陈列在显眼的位置和高度，能引人注目。在陈列方式上采取集中展示的方法，将主力商品陈列在显眼的位置上。用灯光加强对商品的照明，凸显效果。

2. 突出特色商品

利用多种陈列方法，突出商品特色；立体的陈列，使商品生动；提高商品的新鲜度，借助主题发挥吸引力；把商品摆放在离地面0.9～1.5米的位置上，让顾客易取易拿。

3. 突出商品价值

陈列时要突出商品的功能和价值，如借助照明商品的材料、颜色来凸显商品的功能和价值。在品牌商品的风格、个性既定的前提下，可以通过多种方式来表现商品价值，这样自然使每种商品能更细致地展现品牌、风格和价值。

（三）商品陈列

1. 主题陈列

根据经营商品的品种分区陈列，突出专卖主题，如球具、服装分类等。每类再细分，如服装可分为女装区和男装区等。主题陈列的优点是可以吸引顾客的注意，将顾客自然分区。

2. 定位陈列

对购买频率高、购买量大且知名的商品，固定在同一个位置或区域摆放，吸引回头客。流行品牌放在正中，以便于直接吸引顾客。

3. 关联陈列

对关联性强的商品，采取关联陈列的方法，方便顾客在购买一种商品时顺便购买相关商品，增加专卖店的销售额；还可将球、球座、手套和帽子组合成一个包装盒出售。

4. 分类陈列

按商品的性质、功能、特点和使用对象进行分类陈列，便于顾客寻找、比较、挑选。注重在视觉上使顾客感到商品丰富，能进行组合。

九、 球具的定价

目前，在球具定价上存在比较明显的问题：全国各大球会里面销售的名牌球具价格参差不齐，有时候价格差距极大，导致顾客不敢消费，造成品牌利润下滑。同时，经常因为竞争或经销商而造成产品价格波动，出现许多不可控因素。球具定价应遵循以下原则。

（一）按产品成本和产品质量定价

成本是高尔夫产品定价的重要依据之一。一般来说，价格最直接反映成本。高尔夫产品成本不仅包括制造成本，还包括专卖店的营业成本。现阶段因销售数量较少，营业成本分摊到每件产品上就会较高，造成价格也相应较高。

（二）超值服务的附加定价

除考虑产品的价值和质量等因素外，服务质量也直接影响价格的确定，因此有时需要提供超值服务。提供超值服务的方法有很多，如产品实行“三包”、送货上门、终身保修、礼品包装等。

（三）品牌定价

品牌产品是市场公认的优质商品，顾客在购买时比较放心。高尔夫爱好者注重其身份、地位，因此购买品牌球具成为他们的需求。

十、 球具店服务与销售需注意的问题

（一）对球具店员工的要求

1. 素质较高

员工在进行销售前，要不断学习专业知识，了解顾客的心理；在推销产品时，一定要让顾客了解商品的特性、优点、好处及保养方法。因而要注意以下几点：

（1）熟悉球具店内所有商品的名称、特点、性能、用途、产地、价格、使用方法等。

（2）了解仓库内新进商品信息，保证“仓有柜有”。

（3）当好顾客的购物参谋，介绍并突出商品价格、性能、特点等，使其符合顾客需要。员工应针对顾客的球技水平和身体特征进行建议销售，保证选择的球具对提高顾客的打球成绩是有帮助的。同时，要让顾客自己拿主意，充分尊重顾客。

（4）每日将商品销售情况汇总，完成销售报表。要了解库存量、品种及商品所占用的成本，随时掌握商品的销售情况，及时上货，做好物品保管工作。

（5）合格的营业员不但有良好的推销能力，而且有收集市场信息的能力，经常注意收集顾客对商品的意见或建议以及新产品信息。

2. 服务操作规范

（1）员工要统一着装，佩戴工号牌，梳理整齐，化淡妆，面带微笑，展示专业形象、精神风貌，强调使用规范礼貌用语。

（2）提前到岗，认真阅读交接班记录，做好商品清点工作等。

（3）负责球具店内商品、柜台摆放，使商品陈列新颖、独特，方便顾客购买。

（4）按商品类别，根据不同的方法、要求清洁商品，使商品外观整洁，摆放美观，易展示。

（5）注意球具店内的环境卫生，为顾客提供整洁、美观、舒适的购物环境。

（6）热情待客，在顾客多的情况下能做到“接一应二联系三”，避免冷落顾客，即接待第一个顾客时，同时询问第二个顾客要买点什么，顺便招呼第三个顾客。

（7）每月末定期统计各代销商商品销售和库存数量，负责制定统计表报送营业部经理。

（8）顾客购买商品后，应将所购商品数量、名称、金额等记录在顾客消费本上，或协助现金付款顾客到前台交款。

（9）认真核对交款收据，包装好顾客购买的商品。

（10）做好销售记录；全天营业结束后，做好营业日报表。

（11）下班前，认真检查水、电开关是否关闭，门窗是否锁好，有无烟头等安全隐患。

（12）做好当日交接班记录。

（二）销售服务的要求

1. 提供售前专业服务

销售人员要了解顾客的需求，如因要满足顾客想把球打远的需要等而推荐其购买适合的球具。在顾客购买时能提供专业优质的服务，为顾客提供更多咨询和参谋。

店内可配备专业的高尔夫教练及相关的销售人员。在顾客挑选球具时，销售人员可根据顾客打球的实际水平为其配备合适的球具。店内还可配置一套试打装置，让顾客能在专业的高尔夫教练的指导下进行试打，以此来检测顾客打球的实际水平或挥杆速度，同时判断球具是否合适。在销售中提供专业的服务，如注意杆身材质、软硬度的选择等。

2. 个性化服务

每个人都有自己的特点和偏好，特别是由于生理上的差异，人们往往会选择使用适合自己的不同品牌的球杆。高尔夫球爱好者可以通过球具的品种、型号来体现自己的个性，如个性化定制球杆、与众不同的T恤、个性十足的球包等都能充分展现高尔夫球爱好者的个性。

3. 做好安全保障

销售的产品若能获得球具店相关的保障承诺，如售后“三包”，当球杆出现质量问题时可随时更换或维修等，顾客便有了安全感。这些保障承诺能让顾客放心购买。

4. 优惠促销

目前，球会专卖店对会员实行优惠。其他顾客在店里购物达到一定数量时也可以得到一定返利，如以实物或购物券的形式兑现返利，吸引顾客成为长期客户，有效培养顾客的忠诚度。又如利用积分消费的促销方式，其关键是讲信誉，承诺一定要兑现，让顾客得到切实的好处。

借助会员间的交流与联谊，组织其参与店内的定期活动，或向其发放本店最新的商品信息等。此外，还可以与球会联系，对球会里的会员实行优惠，以吸引更多顾客。

5. 建立顾客消费档案

与顾客建立良好的合作关系，把顾客每次购买的商品的名称、品牌及特殊要求等登记清楚，建立顾客档案，实行数据库营销，提高专卖店在顾客心中的形象和影响力。如果一个专卖店把来过的顾客、购买过产品的顾客、提出过意见或建议的顾客等都登记备档，就能发现顾客的需求，并在以后的服务中，与顾客进行更深层次的沟通和交流，更能满足顾客真正的需求。这样顾客自然会感觉受到了重视，在日后的不断沟通中也自然成为“回头客”。

6. 建立虚拟销售网

建立虚拟销售网可以扩大球具店的影响范围，加大其商品的宣传力度，提高知名度。主要方法有两种：

（1）在互联网上建立一个虚拟球具店，里面有关于该球具店的特色和产品种类的介绍，而且能通过网上购物的形式，实现商品的跨地区销售。

（2）定期举行活动，如周年纪念、挥杆比赛、高尔夫综合知识竞赛等，并且邀请新闻媒体对活动进行报道，扩大知名度。

7. 开发团购客户

高尔夫消费群体较小，但层次较高。高尔夫球爱好者大多是企业老板或高层管理者。他们对高尔夫用品及品牌的偏好，会促使其批量购买，如服装、衣物包等，有时也将其作为企业活动礼品。开发团购业务需要立足于现有高尔夫客户的关系维护，了解其真实需求。

8. 服务于赛事活动

高尔夫用品主要用于参加高尔夫运动，而赛事活动参与人数多，人们需求多样且消费量大。因此，球具用品与赛事活动联姻，通过赛事活动来促进产品销售，是当前球具销售最有效的途径之一。

模块二

实训练习

【组织方式】

将学生分成若干学习小组后，让各小组就有关的高尔夫用品品牌进行讨论，了解高尔夫用品品牌的分类。

【实训内容】

1. 国内高尔夫用品市场的分类
2. 高尔夫用品专卖店作商品规划时需注意的问题
3. 高尔夫球具店的选址和类型
4. 高尔夫球具店服务需注意的问题

参考文献

一、 中文文献

［1］车慈慧. 市场营销. 广州：广东高等教育出版社，2005.

［2］程军. 高尔夫用品分析. 高尔夫，2006（3）.

［3］陈明，王月平. 中国高尔夫球具营销策略分析——基于全国高尔夫球具市场的调查. 特区经济，2005（7）.

［4］崔译文，谢声. 现代市场营销与实训教程. 广州：暨南大学出版社，2008.

［5］陈子清，喻昊. 市场营销实训教程. 武汉：华中科技大学出版社，2006.

［6］菲利普·科特勒，加里·阿姆斯特朗. 市场营销原理. 赵平，王霞，等译. 北京：清华大学出版社，2007.

［7］郭国庆. 市场营销学通论. 北京：中国人民大学出版社，2007.

［8］龚丽敏. 基于STV三角模型的奢侈品营销策略研究. 西北农林科技大学学报（社会科学版），2008.

［9］郭松克. 市场营销学. 广州：暨南大学出版社，2008.

［10］HIRSHLEIFER J，GLAZER A，HIRSHLEIFR D. 价格理论及其应用. 李俊慧，周燕，译. 北京：机械工业出版社，2005.

［11］黄焱，李天保. 高尔夫营销大误区（上）. 中国高尔夫管理，2006（5）.

［12］黄焱，李天保. 高尔夫营销大误区（下）. 中国高尔夫管理，2006（6）.

［13］贾浩. Reagle公司高尔夫用品销售连锁化经营研究. 长沙：中南大学，2012.

[14] 罗杰·卡特赖特. 市场营销学. 刘现伟，张璋，译. 北京：经济管理出版社，2008.

[15] 雷鹏，杨顺勇. 市场营销案例与实务. 上海：复旦大学出版社，2011.

[16] 李旗. 台湾正圣公司高尔夫用品市场开发策略研究. 贵阳：贵州大学，2007.

[17] 罗绍明. 市场营销实训教程. 北京：对外经济贸易大学出版社，2006.

[18] 连漪. 市场营销学：理论与实务. 北京：北京理工大学出版社，2007.

[19] 李永平. 市场营销：理论、案例与实训，北京：中国人民大学出版社，2007.

[20] 路易斯·E. 布恩，大卫·L. 库尔茨. 当代市场营销学. 赵银德，等译. 北京：机械工业出版社，2005.

[21] 马科姆·麦当那，马丁·克里斯托弗. 市场营销学全方位指南. 张梦霞，解永秋，译. 北京：经济管理出版社，2008.

[22] 汤姆·格纳，约瑟夫·查莱，陈兆丰. 定价战略与战术：第5版. 龚强，陈兆丰，译. 北京：华夏出版社，2012.

[23] 王德章，金明华. 价格学：第2版. 北京：人民大学出版社，2011.

[24] 吴飞美. 市场营销. 北京：对外经济贸易大学出版社，2007.

[25] 王军. 中国高尔夫行业报告（2012）. 朝向集团，2013.

[26] 吴健安. 市场营销学. 北京：高等教育出版社，2007.

[27] 吴克祥，袁铁坚. 高尔夫球会管理. 天津：南开大学出版社，2008.

[28] 王晓萍，等. 市场营销学. 杭州：浙江大学出版社，2012.

[29] 肖瑟. 高尔夫球会会籍定价研究——以东方集团高尔夫球会为例. 北京：北京化工大学，2013.

[30] 谢宗云. 现代市场营销实务. 南京：南京大学出版社，2007.

[31] 于建原. 市场营销案例. 成都：西南财经大学出版社，2007.

[32] 郁小平. 高尔夫俱乐部投资管理运营. 北京：人民体育出版社，2005.

[33] 张传忠. 市场营销理论与实务. 广州：暨南大学出版社，2006.

[34] 周华庭，陈冬祥．高尔夫市场营销实务．长沙：湖南人民出版社，2013.

二、 英文文献

[1] MULLIN B J, HARDY S. William anthony sutton. Sport marketing, 2007.

[2] PRAHALAD C K, RAMASWAMY V. The future of competition: co-creating unique value with customers. Harvard Business School Pub, 2004.

[3] SHACKELFORD G. The future of golf in America. I Universe, Inc. , 2004.